Q iye Shijiao xia de Zengzhishui
Jianshui Caiwu Xiaoying Yanjiu

企业视角下的增值税减税财务效应研究

刘永久 ◎ 著

中国财经出版传媒集团

经济科学出版社
Economic Science Press

·北京·

图书在版编目（CIP）数据

企业视角下的增值税减税财务效应研究/刘永久著
. －－北京：经济科学出版社，2023.8
ISBN 978 － 7 － 5218 － 5064 － 2

Ⅰ. ①企…　Ⅱ. ①刘…　Ⅲ. ①增值税 － 减税 － 影响 －
企业管理 － 财务管理 － 研究 － 中国　Ⅳ. ①F279. 23

中国国家版本馆 CIP 数据核字（2023）第 158983 号

责任编辑：于　源　陈　晨
责任校对：齐　杰
责任印制：范　艳

企业视角下的增值税减税财务效应研究
刘永久　著
经济科学出版社出版、发行　新华书店经销
社址：北京市海淀区阜成路甲 28 号　邮编：100142
总编部电话：010 － 88191217　发行部电话：010 － 88191522
网址：www. esp. com. cn
电子邮箱：esp@ esp. com. cn
天猫网店：经济科学出版社旗舰店
网址：http：//jjkxcbs. tmall. com
北京密兴印刷有限公司印装
710 × 1000　16 开　12 印张　180000 字
2023 年 8 月第 1 版　2023 年 8 月第 1 次印刷
ISBN 978 － 7 － 5218 － 5064 － 2　定价：50. 00 元
（图书出现印装问题，本社负责调换。电话：010 － 88191545）
（版权所有　侵权必究　打击盗版　举报热线：010 － 88191661
QQ：2242791300　营销中心电话：010 － 88191537
电子邮箱：dbts@ esp. com. cn）

　　本书得到贵州省教育厅人文社会科学研究项目"贵州完整、准确、全面贯彻新发展理念的效果、问题及对策研究"（2023GZGXRW061）、贵州商学院人文社科项目"增值税减税的企业行为效应研究"（2022SKZD002）、贵州省教育厅青年科技人才成长项目"双循环背景下贵州制造业转型升级研究：水平测度、因素分析与推动机制"（黔教合 KY 字〔2022〕322 号）的资助，特此致谢。

前言
Preface

增值税作为我国税收收入最高的税种，在大多数企业所缴纳税金中占比最高，同时增值税又是价外税、流转税，具有税收中性的特点，因而增值税进项税额、销项税额、应纳税额均不进入企业的收入、费用项目之中。那么，增值税税率下调等减税政策会对企业绩效、资本结构、现金流量等财务指标产生什么样的影响，又是如何产生影响的，成为一个值得探讨的问题。

本书以"企业视角下的增值税减税财务效应研究"为题，关注了企业的绩效、现金流、资本结构三项重要财务指标，基于我国增值税减税的政策背景、供给侧结构性改革和经济转型升级的经济背景以及国家构建双循环发展格局的战略背景，将三项财务指标纳入统一的研究框架，在理论上探究增值税减税对企业绩效、现金流、资本结构的作用机制，在实证上通过双重差分模型和上市公司财务数据检验增值税减税对企业三项财务指标的影响效应，在政策上从增值税制度优化和企业两个层面提出具体建议。本书拓展了增值税减税效应研究，丰富了相关研究成果，为发挥增值税减税财务效应提供理论支撑，为促进企业可持续发展和我国经济高质量发展提供经验借鉴，为进一步优化增值税制度提供参考。

本书的研究按照"研究起点—理论研究—实证研究—优化研究"四个阶段展开。第一部分包括绪论、文献综述和我国增值税制度背景分析。第二部分为理论研究阶段。介绍税收中性理论、税收调控理

1

论、优序融资理论、供给需求理论、现金流量理论以及会计等式6个重要的理论基础；建立增值税减税企业财务效应的理论分析框架；分析增值税税率下调对企业绩效、现金流、资本结构的作用机制。第三部分为实证研究阶段，包括增值税减税与企业绩效的实证分析，增值税减税与企业现金流的实证分析，增值税减税与企业资本结构的实证分析三项重要内容。第四部分为优化研究阶段。在总结理论研究、实证研究主要结论的基础上，分析我国现行增值税制度尚存的问题，并从制度层面和企业层面提出了具体建议。

本书的创新之处体现为研究角度、研究观点和研究内容三个方面的创新。在研究角度上，本书关注增值税税率下调政策的财务效应，将企业绩效、现金流、资本结构三项财务指标纳入统一的研究框架，拓展了增值税减税效应研究；在研究观点上，本书认为尽管增值税具有税收中性的特点，但其仍可通过改变产品需求、税金及附加以及期间费用等而影响企业绩效、现金流量以及资本结构；在研究内容上，本书详细分析了增值税税率下调财务效应的作用机制，并进行实证检验，丰富了增值税减税效应理论，并为增值税制度的进一步完善提供了可参考的经验证据。

本书关注了流转税对企业绩效、资本结构和现金流的作用机制及影响效果，囿于作者水平，书中难免有疏漏之处，期待专家和读者批评指正。

笔者在本书写作过程中得到所任职的贵州商学院的大力支持。感谢东北财经大学王巍博士、济南大学刘超博士在数据收集、处理方面给予的帮助，感谢贵州商学院况培颖教授、张庆华教授、董培苓老师、刘勤勤老师在书稿写作过程中给予的指导和支持。

刘永久
2023 年 8 月于贵州商学院

目录
Contents

第1章 绪 论

1.1 选题背景及研究意义

增值税是我国税收收入中占比最高的税种，也是企业所纳税额中占比最高的税种，其征收贯穿于产品生产、流通的各环节。增值税减税对居民消费、企业运营以及我国经济高质量发展具有深远的影响。本书以"企业视角下的增值税减税财务效应研究"为主题，基于我国增值税减税的政策背景，供给侧结构性改革和经济转型升级的经济背景以及国家构建双循环发展格局的战略背景，以企业绩效、现金流和资本结构为着眼点，以理论分析和实证检验为研究方法，以明晰增值税减税对企业成本绩效、现金流和资金结构的影响为路径，以期为增值税制度的进一步完善，促进企业可持续发展和经济高质量发展提供一定的理论支撑和经验借鉴。

1.1.1 选题背景

（1）我国持续推进供给侧结构性改革。

我国经济在经历快速增长后，从 2011 年以后开始呈现新特征，主要表现为社会整体杠杆率高、大量产业供需错位、企业利润下降、多数企业创新能力不足、经济增长持续下行等。2014 年 5 月，习近平总书记在河南考察时第一次提及经济"新常态",要求领导干部"从当前我国经济发展的阶段性特征出发,适应新常态"。①

2015 年 11 月,中央财经领导小组第十一次会议中首次提出供给侧结构性改革。同年 12 月,中央经济工作会议进一步明确了供给侧结构性改革的主要领域,包括产能过剩、楼市库存大、债务比率高这三个方面,为了有效解决这一问题,中央政府提出了"三去一降一补"的政策,即去产能、去库存、"去杠杆"、降成本、补短板五大任务。在 2016~2020 年的中央经济工作会议、中国共产党第十九次全国代表大会以及十三届全国人大各次会议中都强调了以供给侧结构性改革为主线。

(2)"降成本"是我国经济宏观调控的重要目标之一。

近年来,我国企业生产经营成本不断攀升,利润不断下降,严重制约了企业可持续发展。根据国家统计局数据,我国规模以上工业企业②经营成本长期偏高,自 2010 年起呈上升趋势,2015 年达到最高点,之后在国家供给侧结构性改革和减税降费的政策支持下,开始出现下降趋势。具体来说,规模以上工业企业在 2010 年、2015 年、2020 年的营业成本率分别为 83.87%、85.13%、83.39%,营业利润率分别为 7.60%、5.96%、6.32%。③ 较高的生产成本抑制了企业活力,限制了研发创新能力,也降低了企业扩大再生产的内生动力,是制约我国经济高质量发展的因素之一。在我国政府 2015 年确定的供给侧结构性改革任务中,"降成本"成为其重要任务之一,也成为我国经济宏观调控的重要目标之一。

(3)非金融企业部门"去杠杆"是供给侧结构性改革中"去杠

---

① 深化改革发挥优势创新思路统筹兼顾 确保经济持续健康发展社会和谐稳定 [N]. 人民日报,2014-05-11(01).

② 自 2011 年起,规模以上工业企业的统计范围为年主营业务收入 2000 万元及以上的工业法人单位(参见国家统计局数据解读)。

③ 笔者根据《中国统计年鉴 2022》相关数据整理所得,营业成本率为统计年鉴中营业成本与营业收入的比值,营业利润率为统计年鉴中利润总额与营业收入的比值。

杆"的关键。

自 2008 年我国实行 4 万亿元经济刺激计划以来，全社会债务总额迅速增长。截至 2015 年底，全社会债务总额达到 168.48 万亿元，总杠杆率达到 249%，其中非金融企业部门最高，为 156%，彼时国家已将"去杠杆"作为我国供给侧结构性改革的重要任务。根据国家金融与发展实验室发布的《2020 年度中国杠杆率报告》，2020 年末我国宏观杠杆率达到 270%。按照政府、居民、企业和金融四部门分别测算，负债比例最高的为非金融企业部门，达到 162%。非金融企业部门"去杠杆"是供给侧结构性改革中"去杠杆"的关键。实体经济部门杠杆率高企，债务违约风险的集中爆发成为宏观经济平稳运行的重大隐患（丁垣竹，2022）。

（4）增值税税率下调等减税政策为经济高质量发展奠定了基础。

财税政策是降低市场主体生产经营成本，激发其活力，引导其行为以及促进经济高质量发展的重要政策工具。近年来，为助力经济转型与供给侧结构性改革，我国连续出台增值税、企业所得税等税种减税政策。在增值税方面，继 2016 年 5 月全面"营改增"之后，2018年、2019 年两年间多次下调增值税税率，由最初的 17%、13%、11%、6% 调整至 2019 年 4 月 1 日以后的 13%、9%、6%，税率大幅度下降，档次也由四档减少为三档（详见第 3 章）。同时还有加大税收减免力度、留抵退税、小规模纳税人增值税起征点调整、加计抵扣等各项优惠政策。增值税作为我国第一大税种，其减税政策对企业可持续发展和我国经济高质量发展具有积极而深远的作用。

1.1.2　研究意义

（1）探究增值税减税对企业绩效、现金流、资本结构的作用机制，为发挥增值税减税财务效应提供理论支撑。

作为企业所纳税额中占比最高，且在产品生产、流通的各环节均需缴纳的税种，增值税减税政策必然影响企业绩效、现金流、资本结构等财务指标。本书基于供给需求理论、会计等式分析增值税税率调整对企业产品需求及绩效的作用机制，基于优序融资理论、会计等式分析增值税税率调整对企业融资行为和资本结构的影响，基于现金流量理论分析增值税税率调整对企业现金流的影响并进一步从企业绩效、现金流角度分析了税率调整对企业资本结构的影响路径，全面、深入地探究了增值税减税对企业财务指标的作用机制，为进一步发挥增值税减税财务效应提供了理论支撑。

（2）拓展增值税减税效应研究，丰富相关研究成果。

增值税为流转税、价外税，具有税收中性的特点，且其进项税额、销项税额、应纳税额均不进入企业利润核算系统，因而增值税税率下调通常被认为是不影响企业收入、费用和利润的。既要有研究也要关注增值税留抵退税、加计抵减、"营改增"等对企业财务绩效的影响，较少关注税率下调的影响。本书则关注了增值税税率下调的财务效应，并聚焦于企业的经营绩效、现金流和资本结构，将三项重要的财务指标纳入统一框架下，从理论上阐释增值税税率下调财务效应的发挥机制，并通过构建计量模型，利用上市公司财务数据进行实证检验，拓展了增值税减税效应研究，丰富了相关研究成果。

（3）实证检验增值税减税的财务效应，为促进企业可持续发展提供经验借鉴。

企业可持续发展是我国经济高质量发展的重要支撑，而降低实体经济成本、化解债务风险是促进我国企业可持续发展和经济高质量发展亟待解决的重要问题，也是我国供给侧结构性改革的重要任务。本书通过倾向得分匹配、双重差分模型，利用我国上市公司财务数据进行实证检验，以此估计增值税税率下调对企业绩效、现金流、资本结构的影响效果，并通过异质性分析发现不同企业间财务效应的差异。本书研究结论可为国家优化相关政策促进企业可持续发展和经济高质量发展提供经验借鉴。

（4）基于企业财务效应视角提出增值税完善建议，为优化增值税制度提供参考。

在对增值税减税的企业财务效应进行理论分析和实证检验的基础上，本书根据研究的主要结论，分析了当前我国增值税在税率设计、减税红利分配、抵扣链条以及我国税制结构等方面尚需解决的问题，并针对性地提出了税制完善建议，以期为进一步完善增值税制度提供一定的参考。

1.2 概 念 界 定

1.2.1 增值税及相关概念

（1）增值税。

增值税是以商品和劳务在流转过程中产生的增值额为课税对象而征收的一种流转税。根据我国增值税税法规定，增值税纳税人为在我国境内销售货物、服务、不动产、无形资产，或者提供加工、修理、修配劳务以及进口货物的单位和个人，计税依据为销售货物、服务、不动产、无形资产或者提供劳务的增值额以及进口货物的金额。

我国于1979年开始在部分城市试行增值税，并于1994年1月开始在全国推行。在这以后，我国的增值税制度又先后经历了"生产型增值税转型为消费型增值税""营业税改征增值税""增值税深化改革与减税"三次重要改革。

我国增值税根据产品和行业的不同实行有差别的比例税率，以全部流转额为计税依据，并实行税款抵扣的计税方式，这决定了增值税属于流转税性质的税种，税负具有转嫁性。

（2）增值额。

从理论上讲，增值额是企业在生产经营过程中新创造的那部分价值，即货物或劳务价值中的 V + M 部分，相当于净产值或国民收入部分。现实经济生活中，对增值额这一概念可以从以下两个方面理解：第一，从一个生产经营单位来看，增值额是指该单位销售货物或提供劳务的收入额扣除为生产经营这种货物或者劳务而外购的那部分货物价款后的余额；第二，从一项货物来看，增值额是该货物经历的生产和流通的各个环节所创造的增值额之和，也就是该项货物的最终销售价值。

（3）税率。

税率是应纳税额与征税对象数额之间的比例，是法定的计算应纳税额的尺度。税率的高低直接关系到国家财政收入的多少和税收负担的轻重，体现了国家征税的深度，是税收制度的核心要素。当前，我国增值税税率包括 13%、9%、6% 和零税率。

（4）增值税征税范围。

我国增值税征税范围包括销售货物、服务、不动产、无形资产，提供劳务以及进口货物等。具体来说，销售货物是指有偿转让动产所有权，包括电力、热力和气体等。销售服务指有偿提供生活、交通运输、邮政、金融等服务。销售不动产指转让建筑物、构筑物等不动产所有权。销售无形资产指转让商誉、技术、自然资源使用权、商标、著作权等。提供劳务包括加工、修理、修配劳务。进口货物是指申报进入我国海关境内的货物。此外，增值税的征税范围除了上述的一般规定，还对经济实务中某些特殊项目或行为是否属于增值税的征税范围作出了具体界定，如视同销售、罚没物品、存款利息、保险赔付等。

（5）增值税纳税义务人和扣缴义务人。

增值税纳税义务人是指在我国境内销售货物、服务、无形资产、不动产或者提供加工、修理修配劳务以及进口货物的单位和个人。其中单位包括所有销售货物、服务、无形资产、不动产或者提供加工、修理修配劳务以及进口货物的企业、行政单位、事业单位、军事单位、社会团体及其他单位；个人包括从事销售或进口货物、提供应税劳务、销售应税服务、无形资产或不动产的个体工商户和其他个人。

增值税扣缴义务人通常是当境外单位或者个人在我国境内发生应税行为，且在境内未设有经营机构时，应税行为的境内购买方。

按照年应税销售额（连续不超过 12 个月或 4 个季度的经营期内累计应征增值税销售额）标准，增值税纳税人可分为一般纳税人和小规模纳税人，二者的增值税核算方法存在显著区别。根据《财政部 税务总局关于统一增值税小规模纳税人标准的通知》（财税〔2018〕33 号）规定，自 2018 年 5 月 1 日起，增值税小规模纳税人标准为年应征增值税销售额 500 万元及以下。

（6）销项税额、进项税额与应纳税额。

销项税额是指纳税人按照其产品或者行业类型所适用的增值税税率与销售额计算的，在发生应税行为时向买方收取的增值税税额。

进项税额是指纳税人购进货物、劳务、服务、无形资产、不动产所支付或者负担的增值税税额。进项税额是与销项税额相对应的另一个概念。在开具增值税专用发票的情况下，它们之间的对应关系是，销售方收取的销项税额，就是购买方支付的进项税额。

应纳税额为当期销项税额超过当期进项税额的部分，是企业实际应缴纳的税额。

（7）增值税类型。

按照对外购固定资产处理方式的不同，增值税可分为生产型增值税、收入型增值税和消费型增值税。

生产型增值税是指计算增值税时，不允许扣除任何外购固定资产的价款，作为课税基数的法定增值额除包括纳税人新创造价值外，还包括当期计入成本的外购固定资产价款部分，即法定增值额相当于当期工资、利息、租金、利润等理论增值额和折旧额之和。从整个国民经济来看，这一课税基数大体相当于国民生产总值的统计口径，不允许扣除任何外购固定资产的价款，故称为生产型增值税。此种类型的增值税对固定资产存在重复征税，而且越是资本有机构成高的行业重复征税就越严重。这种类型的增值税虽然不利于鼓励投资，但可以保证财政收入。

收入型增值税是指计算增值税时，对外购固定资产价款只允许扣除当期计入产品价值的折旧费部分，作为课税基数的法定增值额相当于当期工资、利息、租金和利润等各增值项目之和。从整个国民经济来看，这一课税基数相当于国民收入部分，故称为收入型增值税。从理论上讲，此种类型的增值税是一种标准的增值税，但由于外购固定资产价款是以计提折旧的方式分期转入产品价值的，且再转入部分没有逐笔对应的外购凭证，给以票扣税的计算方法带来困难，从而影响了这种方法的广泛采用。

消费型增值税是指计算增值税时，允许将当期购入的固定资产价款一次全部扣除，作为课税基数的法定增值额相当于纳税人当期全部销售额扣除外购的全部生产资料价款后的余额。从整个国民经济来看，这一课税基数仅限于消费资料价值的部分，故称为消费型增值税。此种类型的增值税在购进固定资产的当期因扣除额大大增加，会减少财政收入。但这种方法易于规范凭发票扣税的计算方法，因为凭固定资产的外购发票可以一次将其已纳税款全部扣除，既便于操作，也便于管理，所以是三种类型中最简便、最能体现增值税优越性的一种类型。

我国目前实行消费型增值税。

1.2.2 财务效应及相关概念

（1）财务效应。

效应是指某种动因或者原因所产生的影响或者结果。财务效应则是指某种动因或者原因引起的在企业财务指标（如资产负债率等资本结构指标，净资产收益率、销售净利率等盈利能力指标等）方面的变动情况。本书以增值税减税的企业财务效应为研究主题，主要关注增值税税率下调对企业财务指标方面的影响。资产负债表、利润表和现金流量表是企业财务报告中最为重要的财务报表，也体现了企业最为重要的财务指标。本书将增值税减税的财务效应限定为与三张报表相对应的资本结构、经营业绩以及现金流量方面的影响效果。

（2）企业绩效。

绩效是指组织、团队或个人，在一定的资源、条件和环境下，完成任务的出色程度，是对目标实现程度及达成效率的衡量与反馈。

企业绩效则是指一个企业组织在一定经营期间内对其经营目标实现的程度和效率。企业绩效的内涵经历了一系列的发展与变化，从最初的对成本效益的考察和财务表现的衡量，逐步发展到包括财务与非财务指标相结合的全面绩效。既有文献对企业绩效的界定并不完全相同。部分研究将绩效限定为包括财务、运营、环境、客户、成长等在内的综合指标，如喻登科和陈淑婷（2023）等。更多的研究则是将企业绩效界定为与盈利相关财务绩效，如阿拉里尼和哈姆丹（Alareeni and Hamdan，2020）、李井林等（2021）、王欣兰等（2023）将总资产收益作为企业绩效的代理变量来进行实证研究。

本书以"企业视角下的增值税减税财务效应研究"为主题，将企业绩效限定为与盈利相关的财务绩效，本书研究的相关指标包括销售净利率、总成本率、净资产收益率等。

（3）现金流。

现金流是指现金及现金等价物的流入和流出。其中，现金包括企业所拥有的库存现金以及能够直接用于支付的存款，但不包括不能随时用于支付的存款。现金等价物是指企业所持有的，具有流动性强、期限短（一般是指从购买日起三个月内到期）、价值变动风险小且易于转换为已知金额现金的投资。现金等价物通常包括三个月内到期的债券投资等。由于权益性投资变现的金额通常不确定，因而不属于现金等价物。

（4）资本结构。

资本结构是指企业资本的来源及构成比例，有广义与狭义之分。广义的资本结构是指企业全部债务与股东权益的构成比例；狭义的资本结构未将流动负债考虑在内，是指长期资本中的非流动负债与股东权益的构成比例。

资本结构源于企业对债务和股权等筹资方式的选择，并随着各种筹资方式、筹资规模及比例不同而发生变化。资本结构问题实质上就是债务资本与权益资本的配比问题。权益资本风险小，资本成本通常较高，债务资本风险较大，但资本成本通常较低。

企业利用负债筹资可以发挥财务杠杆效应，亦可带来财务风险。合理的资本结构应当既能提高净资产收益率（股权收益）又可降低资本成本，控制财务风险，并提高企业价值。当企业资产负债率过高时，相应的资本成本也会变高，财务风险变得极大。

本书所指资本结构是广义的资本结构，即企业全部债务与股东权益的构成比例，相关财务指标有资产负债率、产权比率等。

1.3 研究目标与研究内容

1.3.1 研究目标

本书的主要研究目标为：梳理增值税减税与企业财务效应的相关文献，基于相关理论分析增值税减税对企业绩效、现金流量以及资本结构的作用机制，并利用我国上市公司数据和计量模型进行实证检验，为增值税制度的进一步完善，促进企业可持续发展和经济高质量发展提供一定的理论支撑和经验借鉴。

1.3.2 研究内容

本书以"企业视角下的增值税减税财务效应研究"为主题，基于我国增值税减税的政策背景，供给侧结构性改革和转型升级的经济背景以及国家构建双循环发展格局的战略背景，以企业绩效、现金流和资本结构为着眼点，以理论分析和实证检验为研究方法，以明晰增值税减税对企业成本绩效、现金流和资金结构的影响为路径，以完善增值税制度和促进经济高质量发展为落脚点。

全书共分为 8 章，其中第 1 章为绪论，第 2 章为文献综述，第 3 章为我国增值税制度背景分析，第 4 章为增值税减税财务效应的理论分析，第 5 章为增值税减税与企业绩效的实证分析，第 6 章为增值税减税与企业现金流的实证分析，第 7 章为增值税减税与企业资本结构的实证分析，第 8 章为研究结论与政策建议。

各章的具体内容安排如下：

第 1 章是绪论。本章的主要内容包括：介绍选题的背景和研究意义；对增值税、财务效应、企业绩效、现金流、资本结构等主要概念进行界定；介绍本文研究目标、研究内容、研究思路、研究方法以及可能的创新之处和存在的不足。

第 2 章是文献综述。本章主要对与本书主题相关的文献进行梳理和总结，涉及增值税税负转嫁与税收中性、增值税与企业绩效、增值税与企业现金流、增值税与企业资本结构等方向的相关研究，并进行文献述评。

第 3 章是我国增值税制度背景分析。本章主要介绍增值税的起源；我国增值税制度的引入、实行和全面推广过程；我国增值税制度的改革、发展历程，包括增值税转型，"营改增"以及"营改增"后增值税制度的深化改革和减税政策；我国增值税的计税方法等。

第 4 章是增值税减税财务效应的理论分析。本章首先梳理了税收中性理论、税收调控理论、优序融资理论、供给需求理论、现金流量理论以及会计等式等；然后基于这六项理论的观点和方法阐述我国增值税减税政策对企业绩效、现金流量和资本结构的作用机制，其中税收中性理论、税收调控理论为分析国家所推进的包括增值税在内的减税政策对经济和企业发展的影响提供了理论依据，优序融资理论、会计等式为分析增值税减税政策下企业融资行为和资本结构的演变提供了理论工具，供给需求理论、会计等式有助于解释增值税减税对企业产品需求和利润的影响，现金流量理论能够较好地用于预测企业经营活动、筹资活动、投资活动的现金流量变化情况。

第 5 章是增值税减税与企业绩效的实证分析。本章首先分析我国增值税税率下调对企业经营成本、绩效的影响，并提出研究假设。然后通过倾向得分匹配—双重差分模型和我国上市公司财务数据进行实证检验，并进一步考察了不同地区、不同规模、不同成本负担的企业在降本增效上的异质性。最后本章还就理论分析部分提出的影响路径进行了检验。

第 6 章是增值税减税与企业现金流的实证分析。本章首先分析增值税税率下调对企业现金净流量的影响，以及这种影响在国有企业和非国有企业之间的不同，并具体提出两个研究假设。随后仍旧采用倾向得分匹配—双重差分模型和我国上市公司财务数据进行实证检验，并进行了包括共同趋势检验在内的多项稳健性检验。最后，进一步考察了企业规模、所属地区方面的异质性。

第 7 章是增值税减税与企业资本结构的实证分析。本章结合国家"去杠杆"，防范金融风险的背景，从企业视角分析了增值税税率下调对企业资产负债率、短期负债率、长期负债率的影响，并提出研究假设。随后采用双重差分模型和上市公司数据进行了实证检验，并进行了包括替换被解释变量、倾向得分匹配、安慰剂检验等在内的多项稳健性检验。最后进一步考察了增值税减税"去杠杆"效应在企业规模、所有权性质、负债水平以及所属地区方面的异质性。

第 8 章是研究结论与政策建议。本章首先总结了本书理论分析和实证检验得出的主要结论。然后分析了我国增值税制度尚存问题，最后从进一步完善增值税制度和企业充分利用增值税减税政策两个角度提出了建议。

1.4　研究思路与研究方法

1.4.1　研究思路

本书研究思路如图 1 - 1 所示。

本书的研究以增值税减税对企业财务指标的影响为切入点，按照"研究起点—理论研究—实证研究—优化研究"的思路展开。

第一部分为研究起点，在介绍研究背景及意义的基础上对增值税及相关概念，财务效应及相关概念进行界定，规划研究目标与内容、研究思路与方法，介绍本书研究的创新与不足，梳理总结既有文献，分析我国增值税制度背景。该阶段为本书研究的起点，体现在本书的第 1 章至第 3 章中。

第二部分是理论研究，阐述与本书研究主题相关的理论，建立企业视角下增值税减税财务效应的理论分析框架，并探讨增值税减税对企业绩效、现金流量和资本结构的作用机制，该部分研究在第 4 章呈现。

第三部分为增值税减税财务效应的实证研究，以我国增值税税率下调为契机，利用我国上市公司财务数据，通过倾向得分匹配、双重差分模型等方法实证检验增值税减税对企业绩效、现金流和资本结构的影响，为进一步完善增值税制度、促进企业持续可持续发展和我国经济高质量发展提供理论支撑和经验证据。该部分的研究根据所关注财务指标的不同分别在第 5 章至第 7 章呈现。

第四部分为优化研究，在汇总研究主要结论的基础上，分析我国现行增值税制度尚存问题，以进一步促进企业可持续发展和经济高质量发展为导向，分别从增值税制度和企业两个角度提出建议。

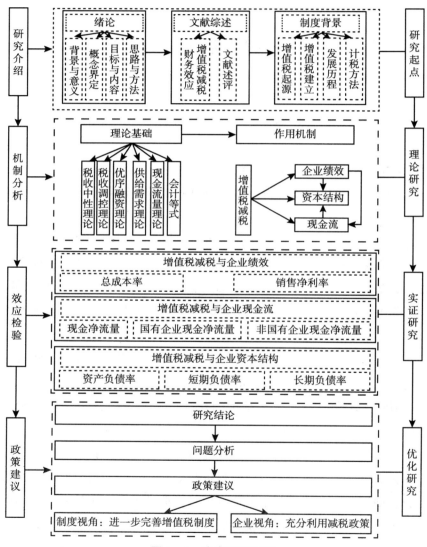

图1-1　本书研究思路

1.4.2 研究方法

（1）文献研究法。

本书在撰写过程中阅读了与主题相关的学术著作和论文，对这些文献的理论、观点、方法和结论等进行了梳理、分析、探讨和归纳，为增值税减税的企业以财务效应研究建立起理论基础。此外，既有文献还为本书研究的实证模型、变量选择等提供了参考。

（2）理论分析法。

本书将理论分析法用于分析增值税税率下调财务效应的作用机制。在理论分析部分主要分析方法为：一是基于供给与需求理论分析增值税税率调整对商品或者服务含税价格以及需求的影响；二是依据优序融资理论分析增值税税率调整背景下，企业融资行为和资本结构的变化；三是根据现金流量理论分析增值税税率调整带来的企业现金流量的变化情况；四是基于税收中性理论、税收调控理论等分析增值税减税效应并提出增值税优化对策。

（3）实证研究法。

增值税税率下调是否降低了企业成本，提升了企业经营绩效，是否改变了企业融资行为和资本结构，是否增加了企业的现金净流量，本书通过实证研究的方法获取相应证据。通过构建双重差分模型，利用中国上市公司数据来估计增值税税率下调在企业经营绩效、现金流以及资本结构三个方面的财务效应。

1.5 可能的创新与不足

1.5.1 可能的创新之处

（1）在研究角度上，本书关注增值税税率下调政策的财务效应，将企业绩效、现金流、资本结构三项财务指标纳入统一的研究框架，拓展了增值税减税效应研究。

关于增值税对企业的影响，既有研究主要关注增值税留抵退税、加计抵减、"营改增"等政策的作用，较少关注税率下调的财务效应。在企业财务报告中，资产负债表、利润表和现金流量表是企业最为重要的三张报表，报告了企业最为重要的财务指标，如包括资产负债率、产权比率在内的资本结构指标，销售净利率等在内的盈利能力指标，经营活动、筹资活动产生的现金净流量等现金流量指标。本书创新研究视角，关注增值税税率下调对企业盈利、资本结构、现金流量等财务指标的影响，并将三项财务指标纳入统一的研究框架，拓展了增值税减税效应相关研究。

（2）在研究观点上，本书认为尽管增值税具有税收中性的特点，但其仍可通过改变产品需求、税金及附加以及期间费用等而影响企业的盈利、现金流量以及资本结构。

增值税被认为是流转税、价外税，具有税收中性的特点，进项税额、销项税额、应纳税额均不进入企业利润核算系统，税负通过价格机制不断向下游转嫁，并最终由消费者承担，因而通常被认为是不影响企业收入、费用和利润。既有研究主要关注增值税起征点调整、加计抵减等政策对企业财务绩效的影响，较少关注税率下调的影响。本书则认为，尽管增值税名义上为价外税、流转税、中性税，但实际上，并非所有的企业在各种市场交易中都能实现完美的税负转嫁。在税负不能完全转嫁，发生视同销售行为以及考虑垫支进项税额的融资成本，考虑城市维护建设税与教育费附加等情形下，增值税税负对企业来说便不再是完全中性，增值税税率下调会对资本结构、现金流量、绩效等重要财务指标产生显著影响。

（3）在研究内容上，本书详细分析了增值税税率下调财务效应的作用机制，并进行实证检验，丰富了增值税减税效应理论，并为增值税制度的进一步完善提供了可参考的经验证据。

第一，本书探讨了增值税税率下调对企业经营成本和绩效的作用机制，包括"增加产品需求，降低产品生产成本""减少企业因视同销售和不得抵扣而承担的增值税税负""降低负债融资规模和融资成本""减少税金及附加支出"等。第二，分析了增值税税率下调节约企业现金支出，增加现金净流量的路径，包括"通过减少企业在购买环节所支付的增值税进项税额影响企业经营活动产生的现金流量""减少企业因城市维护建设税和教育费附加而支付的现金流""通过增加盈利而提升企业现金流创造能力"等。第三，本书还阐述了增值税税率下调影响企业资本结构的机制，包括"现金流效应""盈余效应""流通效应"等。对于增值税税率下调对企业绩效、现金流和资本结构的影响效果和作用机制，本书均通过计量模型和上市公司数据进行了估计和验证。本书丰富了增值税减税效应理论，并为增值税制度的进一步完善提供了可参考的经验证据。

1.5.2　可能存在的不足

本书存在的不足在于样本期间相对较短。我国增值税税率下调发生于 2018 年和 2019 年，采用税率下调前后较长时间（比如，2016～2022 年）的数据进行检验能够更全面地评估减税的财务效应。如果将 2020～2022 年数据纳入样本期间，因受到新冠疫情的影响，绝大多数企业的绩效、现金流和资本结构产生较大的变化，可能使得回归结果不够稳健，故本书将样本期间确定为 2016～2019 年。

第 2 章   文 献 综 述

自 2016 年 5 月起，"营改增"政策在全国范围推广实施，标志着营业税正式废止。自此后，我国继续深化增值税改革并实施实质性减税政策。增值税改革与减税政策包括下调增值税税率；调整工业企业和商业企业小规模纳税人的年销售额标准至 500 万元；购进不动产及不动产在建工程的进项税额一次性抵扣；调高小规模纳税人增值税起征点；生产、生活服务业一般纳税人进项税额分别加计抵减 10%、15%；符合条件的全行业企业可申请留抵退税等。既有文献从企业税负、经济增长、财政收入、企业行为、产品价格等不同视角对不同增值税改革措施的效应进行了研究。本章分别从增值税税负转嫁与税收中性、增值税减税与企业绩效、增值税减税与企业现金流、增值税减税与企业资本结构四个方面展开对以往相关文献的回顾和评述。

2.1   增值税税负转嫁与税收中性研究

对于增值税税负是否能够完全向下游转嫁，学界一直存在不同的观点。从名义上来看，增值税税负通过价格机制向下游客户转嫁，最终由消费者承担（Baum，1991；Gentry and Ladd，1994），也就是说增值税税率的调整改变的仅是购买环节的进项税额和销售环节的销项税额，对产品的不含税价格、生产成本和毛利并无影响。这一观点得到了部分文献（Alesina et al.，2002；Kenkel，2005）的支持。例如，阿莱辛那等（Alesina et al.，2002）利用经济合作与发展组织（OECD）国家的数据评估了财税政策对企业投资的影响，发现所得税会对企业利润产生负面影响，但是没有证据证明间接税会对企业投资行为和盈利产生显著影响。贝斯利和罗森（Besley and Rosen，1999）基于美国部分地区销售税变化背景测试了税负转移情况，发现绝大多数的市场中，消费者承担的销售税份额都是100%。

但实际并非完全如此，更多的理论与实证研究认为增值税税负的归属取决于供给方与需求方的市场地位和相对价格弹性（汤泽涛和汤玉刚，2020），弹性更大的一方通常承担较少的税负（Atkinson and Stiglitz，1972；DeCicca et al.，2013；万莹和陈恒，2020），增值税的不完全转嫁更为普遍。

增值税税负的不完全转嫁获得了波特巴（Poterba，1996）、卡邦尼耶（Carbonnier，2007）、聂海峰和刘怡（2010）、科索恩（Kosonen，2015）、尹音频和闫胜利（2017）、伯纳尔（Bernal，2018）、本扎尔蒂和卡尔洛尼（Benzarti and Carloni，2019）、阿达兰和凯辛（Ardalan and Kessing，2021）、寇恩惠等（2021）、黄贤环和刘梦童（2022）等文献的支持。波特巴（1996）基于1947~1977年的8个城市和1925~1939年的14个城市的服装价格数据实证检验了美国地方销售税对消费者的转嫁情况，发现在战后时期零售价格和销售税的上涨幅度相匹配，销售税实现了较完全的转嫁，但是在大萧条时期，服装零售价格的上涨幅度大约只有销售税上涨幅度的2/3，说明销售税未能完全转嫁。卡邦尼耶（2007）利用法国的两次增值税改革（1987年9月，汽车销售的增值税税率由33.33%降低至18.6%；1999年9月，房屋维修服务的增值税税率由20.6%降低至5.5%）实证检验了销售税在消费者和生产商之间的分担情况，结果显示在新车销售市场和房屋维修市场中，消费者分担的销售税税负比例分别为57%和77%。姆默尔（Mgammal，2021）发现增值税税率的提高会降低企业的盈利能力，这也间接说明了增值税税负的不完全转嫁和不完全税收中性。阿达兰和凯辛（2021）研究欧洲国家啤酒销售环节间接税的转嫁情况，发现从价税仅有70%的比例得以转嫁到啤酒价格上。

聂海峰和刘怡（2010）、尹音频和闫胜利（2017）的研究表明，我国间接税负中约有60%至80%的比例由消费者真实承担，有20%至40%的比例由生产者承担。苏国灿等（2020）在前人研究基础上，重新构造间接税税负转嫁模型，测算我国间接税税负归宿，研究得出间接税并不能实现完全的转嫁，企业和最终使用者的承担比例分别为70.29%和29.71%；在最终使用者所承担的29.71%的税负中，政府、出口、城镇居民、农村居民分别承担了间接税总额的4.57%、9.52%、11.94%、3.68%；企业生产者承担比例因产业不同而有所不同，我国第一、第二、第三产业间接税负担比重依次为77.41%、67.80%和72.95%；而决定企业实际承担间接税负比重的主要因素有名义税负、其上游企业和企业本身转嫁力大小。再者，企业承担间接税税负会导致员工工资和股东收益的下降。寇恩惠等（2021）以采矿业为例，检验了增值税税负的负担机制，发现增值税税率调整导致的税负变化由企业、员工、中间商以及下游企业（消费者）共同分担，比例分别为9.95%、0.16%、36.36%和53.52%。增值税税负的分配比例因时间、市场力量的不同而不同，垄断性企业的税负转嫁能力更强。

增值税税负未能完全转嫁，那么增值税税率下调带来的减税收益也必然不会为最终消费者所独享。科索恩（2015）研究发现芬兰理发业的增值税税率下调收益并未全部由消费者获得，理发业公司的利润同样有显著提升。本扎尔蒂和卡尔洛尼（2019）研究发现法国餐厅的增值税税率下调的减税收益为企业、雇员、消费者、中间商共同分享。伯纳尔（2018）研究了波兰杂货增值税税率降低对消费者购买价格的影响，发现增值税税率的降低并没有降低消费者的购买价格。

这些研究结论都证明了增值税税负并非完全通过价格机制向下游转嫁，同时说明增值税以价外税的"身份"影响着企业产品的销售价格、成本和盈利情况。

整体来说，增值税税负转嫁程度受制于供需双方的价格弹性、市场地位和议价能力（干福钦，1994；聂辉华等，2009；童锦治等，2015；乔睿蕾和陈良华，2017；刘行和叶康涛，2018；谷成和王巍，2020；黄贤环和刘梦童，2022）。

当企业从供应商处购买商品、服务，或将产品销售给客户时，通过价格的谈判将增值税税负进行全部或者部分转嫁（童锦治等，2015）。市场地位高的一方对另一方的依赖程度更低，议价能力更强，在价格谈判中占据优势（Schelling，1956），能够通过压低采购价格或者提高销售价格实现更多的税负转嫁（Delipalla and Keen，1992；Anderson，2001）。市场竞争力较弱或者其产品市场需求对价格变动敏感度高的企业，则增值税完全转嫁给消费者的可能性越低。产品在市场的价格需求弹性越高，转嫁的水平就越低（刘行和叶康涛，2018），这也得到了我国学者的实证支持。倪娟等（2019）利用我国上市公司 2003~2016 年数据研究了税负转嫁与税收中性问题，发现交易双方的税负转嫁博弈进一步造就了增值税现实不完全中性的事实。

在我国，增值税不能完全转嫁给消费者的原因有二：一是增值税并非完全中性，无法完全避免对消费者消费行为的影响；二是我国尚未建立全面的增值税退税制度，购买环节的增值税进项税额由企业垫付，当产品滞销时，企业垫支增值税时间则越长，这影响企业的融资规模、现金持有量和资本成本等（樊勇和李昊楠，2019）。

增值税税率下调的"价格效应"是分析增值税减税经济、财务、行为效应的关键，也得到了诸多文献（Agarwala and Goodson，1970；Sackey，1981；Strauss and Wittenberg，1987；Politi and Mattos，2011；熊鹭，2011；陆前进，2015；樊勇和姜辛，2020；胡万俊和孙会兵，

2020）的关注和验证。

阿加瓦拉和古德森（Agarwala and Goodson，1970）依托投入产出表分析了间接税税率变化对商品价格的影响，发现：虽然对于不同的商品，间接税税率的影响并不相同，但变化方向是一致的，均表现为税率越高，商品价格越高。施特劳斯和维滕贝格（Strauss and Wittenberg，1987）同样利用投入产出表评估税收对商品价格和数量的影响，发现间接税税负降低会降低商品价格并提高销量。卡拉和丹宁格（Carare and Danninger，2008）的研究发现德国政府在 2007 年调高增值税税率的价格转嫁率为 73%。波利蒂和马托斯（Politi and Mattos，2011）基于巴西食品市场研究了增值税税率的价格效应，在验证税率与商品价格正相关的基础上，还提出税负存在超额转嫁、完全转嫁、不完全转嫁三种情形。国内方面，樊勇和姜辛（2020）对增值税价格效应的研究更加深入，得出税收负担转嫁的方向决定了增值税对产品最终价格的影响趋势，而名义税率、税负转嫁程度及行业间技术结构共同决定了对最终产品价格的影响水平。基于我国目前的增值税税率结构，当税率增加 1 个百分点时，如果税负前转则会导致总体价格提升 0.77 个百分点，如果税负后转则会导致总体价格下降 0.91 个百分点。

增值税税率下调的"税负效应"同样是解释其对企业投资、盈利、财务、行为影响的重要路径，得到了刘和方（Liu and Fang，2022）、方红生等（2022）等文献的支持。例如，刘和方（2022）采用简单的理论框架和双重差分模型，估计了增值税税率下调对企业税负（包括增值税负担、所得税负担以及总税负）的影响，研究结果表明增值税税率下调显著降低了企业增值税负担和总体税收负担，但对所得税税负无显著影响，其中增值税税率下降 7.3%，总税负降低 9.1%。此外，这种减税效果主要体现在中间投入比例低的企业、行业垄断程度低的企业、东部地区的企业和高固定资产的企业。

2.2 增值税减税与企业绩效研究

尽管增值税为价外税、流转税，具有税收中性的特点，但由于差别税率的存在、转嫁规律的存在以及可抵扣范围的设计，使得增值税在现实中并非完全中性（倪娟等，2019）。现行增值税减税措施均会对企业经营绩效产生影响，这得到了诸多文献（黄惠琴等，2023；饶茜等，2020；吴怡俐等，2021；汪晓文和李明，2019；何振和王小龙，2019；艾哈迈德等，2019）的支持。增值税税率下调等减税政策的实施降低了增值税税负，影响了商品交易价格并造成税负转嫁的联动反应，通过抵扣链条使得制造业也享受到增值税减税红利，削弱了增值税对价格造成的偏失水平，同时带来减负的效应（范子英和彭飞，2017；孙正等，2020）。

留抵退税政策是我国实行的重要增值税减税措施之一。为助力经济高质量发展，2018 年 6 月，《财政部 税务总局关于 2018 年退还部分行业增值税留抵税额有关税收政策的通知》（财税〔2018〕70 号）发布实施，准予退还部分行业纳税人增值税期末留抵税额。2019 年 3 月，财政部、税务总局、海关总署发布了《关于深化增值税改革有关政策的公告》（财政部 税务总局 海关总署 2019 年第 39 号），规定自 2019 年 4 月 1 日起，全面试行增值税期末留抵税额退税制度，符合条件的纳税人，均可以向主管税务机关申请退还增量留抵税额。

既有文献关注了增值税留抵退税对企业绩效（何杨等，2019；吴怡俐等，2021）、投资行为（谢雁翔等，2022；刘金科等，2020）、研发行为（崔惠玉等，2022）以及金融化（黄贤环和杨钰洁，2022）的影响，本部分主要就留抵退税与企业绩效相关文献进行综述。

从企业成本与绩效角度来看，增值税留抵税额主要通过两个途径对企业产生影响，一是增加资金占用，二是增加企业实际成本。首先，未能抵扣的增值税进项税额占用了企业本可用于经营、投资的资金（刘怡和耿纯，2018），提高了企业融资规模和融资成本（吴怡俐等，2021），增加了企业负担（黄静和李凌秋，2018），限制了企业生产率的提升（俞杰和万陈梦，2022），降低了企业绩效。其次是增加企业实际成本。如果增值税留抵税额在未来能够得到抵扣，则其仅仅是占用了资金，但是如果初创企业未能持续经营，留抵税额则因无法抵扣而成为初创企业的实际成本（刘怡和耿纯，2018）。

留抵退税政策的实施可以显著降低企业垫支的营运资金，增加企业可支配现金（俞杰和万陈梦，2022），降低融资成本，并影响企业绩效。庞凤喜等（2020）认为增值税留抵退税的现实意义在于减轻企业负担，促进企业设备与技术升级换代，提升企业生存发展能力。黄惠琴等（2023）认为增值税留抵退税政策可以通过降低企业交易成本、融资成本等进而影响企业业绩。

与留抵退税相比，增值税加计抵减政策直接减少了企业的应交增值税税额，降低了生产、生活服务行业税负水平，对企业绩效的影响更加直接。胡海生等（2021）通过组建增值税抵扣机制的动态可计算一般均衡模型（CGE）研究增值税改革经济效应，发现该政策的减税效果体现为显著提高了企业利润水平。此外，加计抵减政策带来的增值税应纳税额的减少导致城市维护建设税和教育费附加的税基降低，进而降低企业成本（饶茜等，2020）。

关于购进不动产及不动产在建工程的进项税额一次性抵扣的研究相对较少，少数文献针对改革前的分期抵扣政策进行了分析。例如，湖北省国家税务局课题组（2017）调查了不动产分期抵扣政策对企业经营情况的影响，结果显示该政策规定较为复杂，操作不便，使得企业办税成本上升，且加大了税务局和企业双方的操作难度、执行成本，实行一次性抵扣显得尤为必要。

调高小规模纳税人增值税起征点的减税政策对小微企业绩效的影响同样直接，税收负担是影响小规模纳税人持续经营的重要因素

（卢阳和马之超，2016）。甘犁等（2019）基于中国小微企业调查（CMES）数据对提高小规模纳税人增值税起征点的政策效果进行了评估，发现如果起征点由月销售额 3 万元增至 10 万元，将使约586.4 万家小微企业无须再缴纳增值税，占比约为 94.7%，减税规模达 1590 亿元。如此的减税规模和减税比例使得大量小微企业获得减税红利，经营成本得以降低，退出市场的概率下降。

在增值税减税措施中，增值税税率下调的影响范围更大，减负效应也更加明显，是本书所关注的重点。近年来，我国持续推动供给侧结构性改革，并确定了"去杠杆""去库存""去产能""降成本""补短板"五大改革任务。包括增值税税率下调在内的减税政策是我国政府进行宏观经济调控的重要手段，也是推动供给侧结构性改革中"降成本"任务的有效措施（汪晓文和李明，2019）。国家税务总局网站公告显示，2017～2019 年由增值税税率下调政策实现的增值税减税共计约 9800 亿元，为激发市场主体活力发挥了重要作用（闫浩等，2023）。增值税税负完全转嫁给下游企业和最终消费者只是其价外税特征所体现的表面现象（倪娟等，2019），实际上增值税税负在大多数情况下并不能完全地向下游转嫁，转嫁能力和转嫁比例受制于商品的供给和需求弹性（干福钦，1994）。

增值税税率可通过多条路径影响企业成本和绩效，这些路径包括通过固定资产投资和企业进入（许伟和陈斌开，2016；何振和王小龙，2019）影响企业产品需求和销售收入（Liu et al.，2022；胡海生等，2021）；通过改变企业研发投入而影响企业绩效（孙正等，2020；王泽栋和王洛程，2022）；通过改变企业可支配现金而影响企业投资能力和经营绩效（王泽栋和王洛程，2022）；通过调整企业产品销售价格而改变销量、销售收入和盈利（李颖和张莉，2021；应益鹏，2021）；缓解融资约束，降低负债融资成本（曹越等，2023）；通过增加消费者需求促使企业提高售价并获取更多利润（闫浩等，2023；杨兰品等，2023）。

申广军等（2016）、张等（Zhang et al.，2018）认为增值税税负的降低能够促进企业进行固定资产投资，进而提高企业盈利。许伟和陈斌开（2016）的研究表明，增值税税率每下降1个百分点可导致企业投资增加16%。何振和王小龙（2019）通过实证检验模型研究了增值税减税对企业进入的影响，表明增值税税率的提高因降低投资项目税后利润会抑制企业进入，增值税税率降低对企业进入有明显的激励作用，提高了企业利润，促进了行业发展。盖尔等（Gale et al.，2016）基于美国数据的研究则发现销售税税率的提高显著抑制了小微企业的进入。

孙正等（2020）从宏观角度，利用省级面板数据实证检验了增值税减税对中国资本回报率的影响及作用机制，研究发现税率下调、留抵退税等减税政策通过直接和间接两个途径提升了我国资本回报率，间接途径以加大企业研发创新投入为中介。此外，增值税减税政策对资本回报率的影响具有滞后性和连续性特征。王泽栋和王洛程（2022）基于我国上市公司2015～2020年财务数据，构建双重差分模型研究了增值税税率下调对企业绩效影响及作用机制，发现增值税税率下调显著提升了企业绩效，研发投入起到部分中介效应，税率调整显著降低了企业研究投入，而研发投入对企业绩效具有显著的负向影响。李颖和张莉（2021）认为增值税税率下调能够通过降低产品销售价格而促进销售、降低成本，提高盈利。

曹越等（2023）提出了增值税税率下调影响企业成本的另一路径，认为税率下调可以改善企业现金流，从而提升企业财务状况，使企业陷入财务困境的概率降低。在此情况下，银行等债权人的投资风险相应降低，资金投放数额增大，要求的风险溢价也会降低。

闫浩等（2023）则认为增值税税率下调政策是让利于民，这使得消费者的可支配收入和消费水平得以提高，而消费水平的提高会促使企业增加产品供给，提高产品售价，获取更多的利润。

　　杨兰品等（2023）提出增值税税率调整影响企业绩效的路径主要有二：一是"价格效应"，即降低企业产品税率水平和含税价格，市场对产品的消费倾向和需求量提升，引起产品需求曲线向右移动，提高了企业剩余，在此情况下企业可通过提高产品售价或者业务量而提升其销售收入和营业利润；二是"税负效应"，即税率下调减少了企业产品增值额的税负，降低了企业采购环节的购买成本，降低进项税额无法抵扣时承担的税费，这些都可提升企业营业利润和项目的投资收益率。

　　前述文献通常基于增值税税率下调的背景展开相应研究，少数文献研究了增值税税率上升对企业绩效的影响，得出了与前述文献一致的结论。例如，艾哈迈德等（Akhmadeev et al.，2019）研究了俄罗斯政府在 2019 年将增值税标准税率上调 20% 对纳税人定价政策的影响。该研究假设纳税人之间的纯粹竞争条件为"制造商—批发贸易商—零售贸易商—终端买家"。通过数学模型的分析表明，在所有产业链成员保留各自利润的前提下，当增值税税率由 18% 增加至 20% 时，最终消费者的购买价格将会增加 2.5%。如果消费者的购买能力有限，产业链成员都不负担价格上涨的话，2% 的增值税税率将使得每个成员的盈利下降。如果每个产业链成员都保留各自利润的话，零售价格至少会增加 1.7%。

2.3　增值税减税与企业现金流研究

　　现金流是制约企业生存、发展，影响经营绩效的关键因素。根据我国增值税核算制度，当企业购进商品或者服务时，需要支付购买价款及增值税进项税额，当企业销售其产品时，从购买方处收取销售价款及增值税销项税额。在"购进"和"销售"之间，增值税进项税额处于垫支状态，因而占用了企业资金。在企业无产品销售、产品滞销、应收账款未收回等情形下，会出现进项税额未抵扣或者垫支资金未收回的情形。未能抵扣的增值税进项税额占用了企业大量资金（刘怡和耿纯，2018），减少了企业可支配现金流，增加了企业资金压力（吕丽娟和张玲，2018；崔惠玉等，2022），加剧了企业融资约束，提高了企业融资成本。在多年以前，谭崇钧与蒋震（2013）就曾提出应建立增值税留抵退税制度，解决企业留抵税额长期挂账的问题。

刘怡和耿纯（2018）通过对2010年、2011年税收调查数据进行统计分析，发现此两年间我国全年增值税留抵税额分别为4543.77亿元和6002.51亿元，分别大约是当年全国增值税税额的21.54%和24.74%，基于留抵原因和成本分析预测2016年的增值税留抵税额约为1.02亿元。增值税留抵退税政策促使企业因进项税额被占用的部分资金返回企业，在一定程度上缓解了企业资金压力，降低融资成本，增加企业可支配现金（庞凤喜等，2020；孙正等，2020），更易满足企业日常经营、投资和研发需求（Rego and Wilson，2012；Denis and Sibilkov，2010）。

部分国内文献对增值税留抵退税的现金流效应进行了实证检验。何杨等（2019）基于2013～2018年上市公司财务数据进行实证分析，发现增值税留抵退税政策可以降低企业资本成本，改善企业当期现金流情况，对企业价值提升有积极作用。俞杰和万陈梦（2022）运用PSM-DID模型，使用长三角地区先进制造业上市公司数据进行实证检验，研究发现增值税留抵退税政策降低了企业融资成本，促进企业内部资金积累增加，对全要素生产率提升作用显著。

加计抵减政策增加了生产、生活服务业一般纳税人可抵扣的进项税额，缓解企业因人力资本无法抵扣或者上游行业税率下降导致的进项税额抵扣不足的问题（朱大浩等，2023），直接降低了纳税人应缴纳的增值税税额，降低现金流出。饶茜等（2020）进一步探究了增值税进项加计抵减政策带来的现金流效应，表明该政策通过增加进项税额，使应交增值税税额减少，节约企业因支付税费而发生的现金流出，增加了企业自由现金流。

既有文献对于增值税税率下降与企业现金流之间关系研究相对匮乏。下调增值税税率而影响企业现金流量的路径主要有三：一是降低企业因支付税费发生的现金流支出（刘行和叶康涛，2018），包括购买环节的增值税进项税额，以及企业需要支付并负担的城市维护建设税和教育费附加；二是通过降低企业税负、增加企业盈利而提升企业现金流创造能力（李远慧和陈蓉蓉，2022），如降低企业融资成本，增加企业产品需求等；三是通过改善企业财务状况和盈利能力而缓解企业融资约束，提高企业价值，提升企业融资能力和现金宽裕水平（李鑫等，2022）。

李颖和张莉（2021）认为企业的增值税进项税额虽然并不构成最终税收负担，但需要企业先行垫付后负担，会使增加企业资金占用，可支配现金量下降。增值税税率的下调减少了被占用资金的额度，相当于提高了企业可支配现金。李远慧和陈蓉蓉（2022）认为增值税税率下调主要通过增加产品需求和销量，提高部分产品的不含税价格而提高企业的营业收入和利润率，改善盈利空间，进而创造稳定而充分的现金流量。曹越等（2023）认为，一方面下调增值税税率使企业增值税支出直接减少，增加了企业当期经营性净现金流；另一方面，增值税税额减少会导致以其为税基计算的城市维护建设税和教育费附加也会随之减少，降低企业的现金流出量。在此基础上，文章还进一步估算了增值税税率调整对企业现金流的影响，发现现金流状况改善明显。

李鑫等（2022）认为增值税税率调整从内源和外源两个方面改变了企业现金流。一是税率下调减少了企业的纳税支出并提高了盈利，现金流量变得更加充裕，自由资金的增加缓解了融资约束，降低了融资成本；二是税率下调改善了企业盈利、现金流和财务状况，降低了外部投资者的投资风险，提高了外部投资者愿意提供的资金规模。

格里戈雷和古勒乌（Grigore and Gurău，2013）分析了增值税对罗马尼亚中小企业盈利能力和现金流的影响，认为净现金流（NCF）受到延迟收入（增值税退税、预付费用、存货、索赔等）和延迟付款（增值税支付、利得税、消费税、欠供应商、员工的金额等）的影响，这些数额决定了营运资金需求（流动资产扣减流动负债后的余额）。他们认为增值税的财务影响主要通过平均收款期、平均付款期和资金周转天数三个指标来体现。墨菲（Murphy，1991）论证了增值税的税收中性特征以及美国开征增值税对公司现金流量的影响，研究发现美国采用增值税导致了有效年度的公司现金流量的重大变化以及对营业额的显著影响，也证实了增值税对现金流有不同程度的影响，且并非完全中性。

黄贤环和刘梦童（2022）认为当增值税税率下调时，全行业产品价格水平受到影响并进一步影响消费者行为。消费者消费意愿会在商品价格下调时提升，企业的现金流入也相应增加，融资约束得到缓解，因而有更强的资金实力去投资固定资产、研发创新项目。增值税税率下调使企业增值税实际税负下降，因此对于增值税实际税负越高的企业，此政策影响税费支付现金下降程度也越明显（刘行和叶康涛，2018）。

李颖和张玉凤（2021）提出了与前述文献不同的影响路径。增值税作为流转税，若其税率较高，使企业税负偏重，则会提高成本加成率转嫁税负，影响企业产出，偏离最优状态。市场流通的商品都有特定的价格需求弹性，增值税税率低时商品价格的下降会使其需求增加、销量和销售速度。此时企业层面上体现为存货周转率的提高、营业周期的缩短，并进一步带来资金利用效率的提高，经营活动占用资金的减少和可支配资金的增加。

2.4 增值税减税与企业资本结构研究

根据增值税税收中性原则,增值税销项税额最终应转嫁给购买方,进项税额应支付给供应商,增值税额通过环环抵扣最终转嫁给消费者,而留抵税款的存在使得进项税额与销项税额的差额在企业层面沉淀(崔惠玉等,2022),即使在未来能够将留抵税款抵扣,也会因抵扣时间延长而增加资金使用的时间成本。在资金被占用期间内,企业可支配现金流量减少,面对生产经营中的现金需求则会通过外部债务融资解决,由此企业杠杆率会相应提高。

在实施留抵退税政策之前,未能抵扣的增值税进项税额直接减少了企业当前的现金流,同时提高了当前的资本成本和财务风险(Guo and Li,2023),使得企业必须增加外部融资以满足其生产经营活动的需要,这进一步提高了企业资产负债率,改变了企业资本结构。吕丽娟和张玲(2018)认为增值税留抵退税是降低企业资产负债率和融资成本的必然要求,结转至下期抵扣的做法增加了企业现金流和资金压力,也违背了进项税的本质。牟策和马小勇(2023)以2018年的部分试点行业的留抵退税为政策冲击,构建双重差分模型并利用上市公司数据研究了留抵退税政策对上市公司负债融资行为的影响,研究发现该政策通过提高企业所持有的现金流量水平,增加企业内源融资规模而降低债务融资。

增值税加计抵减政策对企业资本结构的影响较为直接。加计10%或者15%后减少了企业支付的增值税应交税额,增加了自由现金流量(饶茜等,2020),可降低企业外源融资规模。

增值税税率及税负对企业资本结构的影响是本书关注的重点,但鲜有文献对此展开研究。

部分学者关注了企业整体税负对绩效、资本结构的影响。詹森

（Jensen，1986）建立实证模型探究了企业税负与经营绩效之间的关系，研究结果表明当税收负担较低时，企业有充分的资金优化其资本结构，财务管理状况越好，企业绩效水平也会更高。

部分学者关注了我国增值税税率调整对行业税负（方红生等，2022；Liu and Fang，2022）、企业价值（刘行和叶康涛，2018）、全要素生产率（刘柏惠等，2019）、企业金融化（郝景萍和周洋，2021；黄贤环和刘梦童，2022；杨兰品等，2023）、创新（曹越等，2013）、审计师风险应对（胡国柳等，2022）、收入再分配效应（田志伟和王钰，2022）等的影响，但尚无文章针对增值税税率调整对企业资本结构的影响进行理论分析和实证检验。仅有部分文献关注了其他增值税改革措施与企业资本结构，如生产型增值税转型为消费型增值税（Zou et al.，2019）。

邹等（Zou et al.，2019）将我国增值税转型视作准自然实验，探讨其对企业财务杠杆率的影响，结果显示增值税转型使得企业的资产和负债规模均有扩张，但从财务指标来看，体现为长期负债率提高，资产负债率和短期负债率下降。文章还进一步分析了增值税转型对企业资本结构的作用机制为收入效应、期限匹配效应和市场约束效应。

根据李颖和张玉凤（2021）的研究，增值税税率下调还可通过降低商品价格而增加其需求，进而增加企业产品的销量和销售速度，加速产品流通，缩短营业周期和现金周期。现金周期的缩短减少了企业经营活动所需现金总量以及外部融资需要量，降低了资产负债率。

增值税税率对产品需求量的影响也得到了国外文献（Alm and El-Ganainy，2013；Barrell and Weale，2009）的支持。阿尔姆和埃尔加纳尼（Alm and El-Ganainy，2013）利用动态面板回归模型和欧洲15个国家在1961～2005年的数据估计了增值税税率与消费的关系，结果显示增值税税率增加1个百分点将导致人均消费水平降低1个百分点。巴雷尔和威尔（Barrell and Weale，2009）探讨了英国增值税税率暂时下调的效应。从居民层面来看，税率暂时下调可能导致收入效应、替代效应和套利效应；从国家层面来看，税率暂时下调使得2009 年第四季度的消费增长接近 1%，但如果税率未下调，GDP 增长率将不足 0.5%。

　　税负降低导致盈利和现金流的增加是增值税税率简并与下调影响企业资本结构的主要路径。方红生等（2022）利用投入产出表数据评估了我国三次增值税简并及配套措施对行业税负效应。研究表明，相对于第一次税率简并，后两次税率简并的政策幅度更大，得益行业范围扩大，达到了较为普遍的减税降副作用，多数重要行业的增值税税负下降明显，不过部分服务业行业的税负存在增加的现象。

　　企业绩效和现金在一定程度上决定了企业内源性资金的充裕情况（王泽栋和王洛程，2022），内源资金充足的企业在为新项目融资时可以不受外部环境的制约（申广军等，2016），以较低的资本成本获得所需资金（Chen et al.，2013），亦可较少地依赖外源融资，因此企业绩效和现金流可能改变企业的资本结构。邹等（2019）的研究证实了盈利能力的提升可以显著改变企业的资产负债率。肖美玲（2018）对税收负担、偿还能力和企业财务绩效展开了研究，认为税收负担以自由现金流量为中介对企业的偿还能力产生影响。企业的税负越重，利润越少，可支配的自由现金流量也越少，偿还能力便越低。

　　曹越等（2023）认为增值税税率下调通过现金流而改变企业资本结构，具体来说，为了防止控制权被稀释，企业常常倾向于通过债务融资为创新活动筹集资金，当企业现金流状况得以改善后，外源债务融资的需求和规模会显著下降。

　　应益鹏（2021）认为增值税税率下调能够增加其所拥有的流动资产数额，减少流动负债规模，增强短期偿债能力，资本结构也会发生相应改变。

2.5 文献述评

通过前述文献梳理发现，在增值税税负转嫁、税收中性以及在增值税对企业绩效、现金流、资本结构影响的相关研究中，国外学者的研究起步较早，既有规范研究，亦有实证研究；国内学者的研究则起步较晚，在 2010 年之前以规范研究为主，在 2010 年之后实证研究开始逐渐增多。既有文献为本书的研究提供了理论基础、分析工具和创新方向，但在以下几个方面，还有待提高。

首先，从收入和费用视角考察增值税税率下调对企业绩效影响的研究相对缺乏。以往对于增值税税率与企业绩效的研究虽然关注了固定资产投资与企业进入、产品需求与销售收入、研发与创新、全要素生产率等因素的中介效应，但这些因素在增值税税率对企业绩效之间都属于间接路径。根据会计等式"收入－费用＝利润"，以及企业利润的核算过程，收入和费用项目改变都会影响企业绩效，增值税税率对企业绩效有着更为直接的影响。在收入方面，增值税税率调整通过改变产品价格、销量而发挥作用；在费用方面，增值税税率调整通过影响产品单位成本、税金及附加、企业相关期间费用等而发挥作用。本书基于供给侧结构性改革背景，更加关注企业成本的降低，详细分析了增值税税率对企业成本的作用路径，认为税率下调通过"增加产品需求，降低产品生产成本""减少企业因视同销售和不得抵扣而承担的增值税税负""降低负债融资规模和融资成本""减少税金及附加支出"等路径促进企业"降成本"，提升绩效。在此基础上，本书利用计量模型和上市公司数据进行了实证检验。

其次，尚未有文献对增值税税率调整的现金流效应进行全面的理论分析和实证检验。既有文献关注了增值税留抵退税、加计抵减对企业现金流的影响，较少关注增值税税率下调的影响。关于增值税税率下调的现金流效应研究，在以下三个方面有待完善：一是重点关注税率调整对企业现金流量影响的研究缺乏。二是增值税税率影响企业现金流的路径分析需要更加细致。尽管部分文献在分析增值税率下调对企业价值、研发投入的影响时分析了现金流的中介作用，但并不全面。三是针对增值税税率调整的现金流效应的实证检验有待进行。

最后，针对增值税税率下调对企业资本结构影响的研究尚待补充。"去杠杆"是我国供给侧结构性改革重要任务之一，同时非金融企业部门的杠杆率是政府、居民、非金融企业和金融四部门中最高的，成为"去杠杆"的关键部门。既有研究鲜有关注增值税税率下调的"去杠杆"效应。本书分析并验证了作为中性税的增值税对企业资本结构的影响机制和效果，拓展了增值税减税效应相关研究。此外，还探索了增值税税率下调"去杠杆"效应在企业所有制性质、负债水平、规模以及所属地区等方面的异质性，可以为国家对不同地区、规模的企业出台针对性的"去杠杆"措施提供参考。

第3章　我国增值税制度背景分析

3.1　增值税起源

　　增值税是商品经济发展和社会化分工的产物，受到众多国家的青睐。1954年法国最早实行增值税，以增值税体系代替了部分流转税。1966年1月，法国《增值税法》诞生。法国正式实施并成功推行增值税后，对欧洲和世界各国都产生了重大影响。在随后的十几年里欧共体成员国相继实行了增值税，欧洲其他一些国家以及非洲和拉丁美洲的一些国家为改善自己在国际贸易中的竞争条件也实行了增值税，亚洲国家自20世纪70年代后期开始推行增值税。目前世界上已有190多个国家和地区实行了增值税。从增值税在国际上的广泛应用可以看出增值税作为一个国际性税种是为适应商品经济的高度发展应运而生的。

3.2　我国增值税制度的建立

　　我国于1979年引进增值税，并在部分城市试行。在引进增值税之前，我国政府对避免商品多环节、重复征税进行了有益的探索和尝试，如对部分半成品的流转不征税，仅在产成品销售时征税；对部分产品征税时允许其抵扣外购原材料或半成品的已纳税款等。

继 1979 年试行增值税后，1982 年财政部制定了《增值税暂行办法》，自 1983 年 1 月 1 日开始在全国试行。1984 年第二步"利改税"和全面工商税制改革时，在总结经验的基础上，国务院发布了《中华人民共和国增值税条例（草案）》，并于当年 10 月 1 日起试行。1993 年税制改革，增值税成为改革的重点。国务院于 1993 年 12 月发布了《中华人民共和国增值税暂行条例》（以下简称《增值税暂行条例》）并于 1994 年 1 月 1 日起在全国范围内全面推行增值税，为生产型增值税。此时的增值税制度将全部工业生产环节和流通领域纳入增值税征收范围，采用增值税专用发票制度和购进扣税方法，实行价外税模式。

3.3　我国增值税制度的发展历程

在 1994 年全国全面推行增值税以后，我国的增值税制度先后经历了"生产型增值税转型为消费型增值税""营业税改征增值税""增值税深化改革与减税"三次重要改革。

3.3.1　生产型增值税转型为消费型增值税

在经历了 1994～2004 年十余年的生产型增值税规范实施阶段之后，为了进一步完善税收制度，国家决定启动增值税转型试点。从 2004 年 7 月 1 日开始，我国在东北地区的装备制造业、石油化工、冶金等八个行业进行转型试点。从 2007 年 7 月 1 日开始，在中部地区 26 县市推进增值税转型试点工作，2008 年 7 月 1 日，将内蒙古东部地区纳入增值税转型试点，同时汶川地震受灾严重的 51 县市进入试点范围。

　　由于生产型增值税转型为消费型的增值税试点工作运行顺利，达到了预期目标，国务院决定全面实施增值税转型改革，修订了《增值税暂行条例》，2008 年 11 月经国务院第 34 次常务会议审议通过，于 2009 年 1 月 1 日起在全国范围内实行消费型增值税。

　　转型后的消费型增值税允许纳税人将当期购入的固定资产价款一次性全部扣除。此时，作为增值税课税基数的增值额较生产型增值税的课税基数有大幅减少，相当于纳税人当期全部销售额扣除外购的全部生产资料价款后余额。增值税转型增加了纳税人当期可抵扣的进项税额，减少政府财政收入，但降低了增值税税负，节约了企业现金流，提升了设备投资项目的现金净流量和可行性，有利于企业进行设备更新和技术升级，对我国宏观经济发展产生积极而深远的影响。

3.3.2　营业税改征增值税

　　为建立健全有利于科学发展的税收制度，促进经济结构调整，支持现代服务业发展，自 2012 年起，我国在部分地区和行业开展营业税改征增值税试点。

　　2012 年 1 月 1 日起，在上海市试点将交通运输业（不含铁路运输业）和部分现代服务业由营业税改征增值税。

　　2012 年 9 月 1 日起，试点地区扩大到北京市、天津市、江苏省、安徽省、浙江省（含宁波市）、福建省（含厦门市）、湖北省、广东省（含深圳市）8 个省市。其中，北京市于 2012 年 9 月 1 日，江苏省、安徽省于 2012 年 10 月 1 日，福建省、广东省于 2012 年 11 月 1 日，天津市、浙江省、湖北省于 2012 年 12 月 1 日，分别进行试点。

　　2013 年 8 月 1 日起，交通运输业（不含铁路运输业）和部分现代服务业营业税改征增值税试点在全国范围内推开，并将广播影视作品的制作、播映、发行纳入试点行业。

2014 年 1 月 1 日起，铁路运输业和邮政业在全国范围实施营业税改征增值税试点。至此，交通运输业全部纳入试点范围。

2014 年 6 月 1 日起，电信业纳入营业税改征增值税试点范围，实行差异化税率，基础电信服务和增值电信服务分别适用 11% 和 6% 的税率，为境外单位提供电信业服务免征增值税。

2016 年 5 月 1 日起，在全国范围内全面推开营业税改征增值税试点，建筑业、房地产业、金融业、生活服务业纳入试点范围，由缴纳营业税改为缴纳增值税。至此，营业税全部改征增值税。

2017 年 11 月 19 日，国务院公布了《关于废止〈中华人民共和国营业税暂行条例〉和修改〈中华人民共和国增值税暂行条例〉的决定》（中华人民共和国国务院令第 691 号），废止了《中华人民共和国营业税暂行条例》，同时对《增值税暂行条例》进行修改。

在"营改增"之前，我国的流转税呈现营业税与增值税并行局面，前者主要对应第三产业，后者主要对应第二产业。长期以来，以工业为主的第二产业在我国经济中的比重较大，而服务业为主的第三产业发展较慢。"营改增"可促进第三产业发展，深化社会分工，有利于我国经济结构的调整。营业税、增值税并行使得第三产业发展面临诸多问题。首先，适用营业税的服务业在购进固定资产时，其进项税额无法抵扣，使服务业企业面临较高的税负，限制了设备技术更新和投资规模扩张。"营改增"改变了这种差别化待遇，有利于第三产业发展。其次，营业税的重复征税使得相应企业更加倾向于自给自足的生产模式，抑制了社会分工和行业专业化发展。整体来看，"营改增"实现了增值税对三个产业的全覆盖，打通了增值税抵扣链条，减少了重复征税，有效降低了企业税负，促进了社会分工和第三产业发展，有利于我国经济结构的调整。

3.3.3　增值税深化改革与减税

在全面"营改增"的同时期，我国经济发展面临着新的问题，主要表现为社会整体杠杆率高,大量产业供需错位,企业利润下降,多数企业创新能力不足,经济增长持续下行等。在此背景下,供给侧结构性改革成为我国促进经济转型和高质量发展的关键举措。2015年底,中央经济工作会议提出供给侧结构性改革主要涉及产能过剩、楼市库存大、债务比率高这三个方面,为解决好这一问题,就要推行"三去一降一补"的政策,即去产能、去库存、"去杠杆"、降成本、补短板五大任务。在这一时期,减税降费成为我国推动供给侧结构性改革和经济高质量发展的重要政策工具。

在增值税方面,我国深化改革和实施减税政策包括简并税率、留抵退税、加计抵减等。

(1)增值税税率简并与下调。

表3-1列出了自2016年5月全面"营改增"之后,我国增值税税率的变迁。税率已由4档降为3档,最高税率由17%降至了13%,两档较低税率合并后,降至了9%,最低税率一直未变。

表3-1   **2017~2019年增值税税率变迁**   单位:%

项目	2017年6月30日前	2017年7月1日至2018年4月30日	2018年5月1日至2019年3月31日	2019年4月1日后
基本税率	17	17	16	13
较低税率	13	11	10	9
	11			
低税率	6	6	6	6

资料来源:笔者根据相关政策整理。基本税率包括销售货物、劳务、有形动产租赁以及进口货物等;较低税率包括交通运输、邮政、基础电信、建筑、不动产租赁服务,销售不动产,转让土地使用权以及销售或者进口粮食等农产品,饲料、化肥、农药、农机等农业生产资料,自来水、暖气、冷气、热水、煤气、天然气、沼气等居民生活必需品以及图书、报纸、杂志、音像制品和电子出版物等文化产品;低税率则涉及纳税人销售服务、无形资产以及增值电信服务等。

除税率调整外,增值税减税政策还有:调整工业企业和商业企业小规模纳税人的年销售额标准至500万元;购进不动产及不动产在建工程的进项税额一次性抵扣；调高小规模纳税人增值税起征点；生产、生活服务业一般纳税人进项税额分别加计抵减 10%、15%；符合条件的全行业企业可申请留抵退税等。

（2）小规模纳税人销售额标准的提高。

依据《财政部　税务总局关于统一增值税小规模纳税人标准的通知》（财税〔2018〕33 号），自 2018 年 5 月 1 日起，增值税小规模纳税人标准为年应征增值税销售额 500 万元及以下；按照《中华人民共和国增值税暂行条例实施细则》第二十八条规定已登记为增值税一般纳税人的单位和个人，在 2018 年 12 月 31 日前，可转登记为小规模纳税人，其未抵扣的进项税额作转出处理。小规模纳税人年应征增值税销售额标准的提高给更多企业在一般纳税人和小规模纳税人之间的身份自主选择权。高增值率企业、可抵扣进项较少企业可通过选择小规模纳税人身份适用较低的增值税税负。

（3）购进不动产及不动产在建工程的进项税额一次性抵扣。

根据 2016 年 5 月 1 日，《国家税务总局关于发布〈不动产进项税额分期抵扣暂行办法〉的公告》（国家税务总局公告 2016 年第 15 号），自 2016 年 5 月 1 日起，增值税一般纳税人取得的不动产和不动产在建工程，其进项税额分 2 年从销项税额中抵扣。但《财政部　税务总局　海关总署关于深化增值税改革有关政策的公告》（财政部　税务总局　海关总署公告 2019 年第 39 号）和《国家税务总局关于深化增值税改革有关事项的公告》（国家税务总局公告 2019 年第 14 号）出台之后，废止了该公告①，规定自 2019 年 4 月 1 日起，纳税人取得不动产或者不动产在建工程的进项税额不再分 2 年抵扣，而是允许一次性抵扣。一次性抵扣政策的实施显著降低了企业在购进不动产或者不动产在建工程环节垫支的增值税进项税额，增加了其可支配现金流量，有利于缓解融资约束，降低融资成本。

---

①　指《国家税务总局关于发布〈不动产进项税额分期抵扣暂行办法〉的公告》（国家税务总局公告 2016 年第 15 号）。

（4）调高小规模纳税人增值税起征点。

2019年1月，国家税务总局发布《关于小规模纳税人免征增值税政策有关征管问题的公告》（国家税务总局公告2019年第4号），规定小规模纳税人发生增值税应税销售行为，合计月销售额未超过10万元（以1个季度为1个纳税期的，季度销售额未超过30万元）的，免征增值税；小规模纳税人发生增值税应税销售行为，合计月销售额超过10万元，但扣除本期发生的销售不动产的销售额后未超过10万元的，其销售货物、劳务、服务、无形资产取得的销售额免征增值税。

2021年3月，国家税务总局发布《关于小规模纳税人免征增值税政策征管问题的公告》（国家税务总局公告2021年第5号），进一步提高了小规模纳税人增值税起征点，规定小规模纳税人发生增值税应税销售行为，合计月销售额未超过15万元（以1个季度为1个纳税期的，季度销售额未超过45万元）的，免征增值税；小规模纳税人发生增值税应税销售行为，合计月销售额超过15万元，但扣除本期发生的销售不动产的销售额后未超过15万元的，其销售货物、劳务、服务、无形资产取得的销售额免征增值税。

2022年3月，财政部、税务总局发布《关于对增值税小规模纳税人免征增值税的公告》（国家税务总局公告2022年第15号），规定自2022年4月1日至2022年12月31日，增值税小规模纳税人适用3%征收率的应税销售收入，免征增值税；适用3%预征率的预缴增值税项目，暂停预缴增值税。

2023年1月，国家税务总局发布《关于增值税小规模纳税人减免增值税等政策有关征管事项的公告》（国家税务总局公告2023年第1号），再次调整小规模纳税人增值税起征点，调整后的标准为月销售额不超过10万元（按季纳税的，季度销售额不超过30万元）。

（5）生产、生活服务业一般纳税人加计抵减政策。

2019年3月，财政部、税务总局、海关总署发布《关于深化增

值税改革有关政策的公告》（财政部 税务总局 海关总署公告 2019
年第 39 号），规定自 2019 年 4 月 1 日至 2021 年 12 月 31 日，允许生
产、生活性服务业（邮政服务、电信服务、现代服务、生活服务）
纳税人按照当期可抵扣进项税额加计 10%，抵减应纳税额。2019 年
9 月，财政部、税务总局发布《关于明确生活性服务业增值税加计抵
减政策的公告》（财政部 税务总局公告 2019 年第 87 号），规定自
2019 年 10 月 1 日至 2021 年 12 月 31 日，允许生活性服务业纳税人按
照当期可抵扣进项税额加计 15%，抵减应纳税额。加计抵减政策增
加了生产、生活服务业一般纳税人可抵扣的进项税额，直接降低了纳
税人应缴纳的增值税税额。

（6）留抵退税政策。

我国的增值税留抵退税政策始于 2011 年，但在 2018 年 6 月份之
前该政策仅适用于集成电路、大型客机研究等少数行业、企业。2018
年 6 月，财政部、税务总局发布《关于 2018 年退还部分行业增值税
留抵税额有关税收政策的通知》（财税〔2018〕70 号），提出为助力
经济高质量发展，2018 年对部分行业增值税期末留抵税额予以退还。
涉及行业包括化学原料和化学制品制造业，医药制造业、通用设备制
造业等 18 个行业。2018 年 7 月，财政部、税务总局发布《关于增值
税期末留抵退税有关城市维护建设税 教育费附加和地方教育附加政
策的通知》（财税〔2018〕80 号），对实行增值税期末留抵退税的纳
税人，允许其从城市维护建设税、教育费附加和地方教育附加的计税
（征）依据中扣除退还的增值税税额。

2019 年 3 月，财政部、税务总局、海关总署发布的《关于深化
增值税改革有关政策的公告》（财政部 税务总局 海关总署公告 2019
年第 39 号）规定，自 2019 年 4 月 1 日起，试行增值税期末留抵税额
退税制度，符合条件的纳税人，均可以向主管税务机关申请退还增量
留抵税额。

3.4 增值税计税方法

根据适用的纳税人类型及增值税应税行为的不同，增值税的计税方法可分为一般计税方法、简易计税方法和扣缴计税方法等。

我国采用的增值税一般计税方法是间接计算法，即国际上通行的购进扣税法。一般纳税人发生应税销售行为，除适用简易计税方法的交易外，均应采用一般计税方法计算缴纳增值税。

具体做法为：首先根据当期的销售额和税率计算出销项税额，然后将当期准予抵扣的进项税额扣除，剩余的部分销项税额（销项税额超过进项税额的部分）即为当期应纳税额。

应纳税额计算公式为：

销项税额 = 销售额×适用税率

当期应纳税额 = 当期销项税额 – 当期进项税额

因当期销项税额小于当期进项税额，导致不足抵扣时，其不足部分可以结转下期继续抵扣或留抵退税。

简易计税方法是主要针对小规模纳税人，以减轻小规模纳税人征税成本为目的，只对小规模纳税人发生的销售额征税，对购进项目所含进项税额不可以抵扣的一种计税方法。

计算公式为：

当期应纳增值税额 = 当期不含税销售额×征收率

或

当期应纳增值税额 = 当期含税销售额÷(1 + 征收率)×征收率

扣缴计税方法是适用于扣缴义务人的一种计税方法。

计算公式为：

应扣缴税额 = 接受方支付的价款÷(1 + 税率)×税率

公式中的"接受方"一般是指应税行为的接受者，也就是境外单位或者个人在境内提供应税行为的对象。

3.5 本章小结

本章对增值税的起源、我国增值税制度的建立、我国增值税制度发展历程以及现行计税方法进行了梳理和分析。

第一，本章简要介绍了法国增值税制度的建立和实施以及增值税制度在欧洲和世界各国的发展和实行情况。第二，对我国增值税制度的引入、试行和全面推广的过程进行了梳理。第三，本章分两部分梳理了我国增值制度的发展、改革历程及相应措施。自 1994 年全国全面推行增值税至 2016 年期间的重大改革主要包括 1994～2004 年进行的增值税转型、2012～2016 年进行的营业税改征增值税。2012 年全面"营改增"以后的进一步深化改革和减税措施包括增值税税率简并与下调、小规模纳税人销售额标准的提高、购进不动产及不动产在建工程的进项税额一次性抵扣、调高小规模纳税人增值税起征点、生产、生活服务业一般纳税人加计抵减政策、留抵退税等。第四，本章总结了我国增值税的计税方法，包括一般计税方法、简易计税方法、扣缴计税方法等。本章对我国增值税制度建立、发展以及计税方法的梳理、总结和分析为后文的理论分析、实证检验、政策建议的提出提供了现实依据。

第4章 增值税减税财务 效应的理论分析

  本章介绍了与增值税减税财务效应相关的六个重要理论基础，包括税收中性理论、税收调控理论、优序融资理论、供给需求理论、现金流量理论以及会计等式等。税收中性理论、税收调控理论为分析国家所推进的包括增值税在内的减税政策对经济和企业发展的影响提供了理论依据，同时税收中性理论也是完善增值税制度的重要目标和原则；优序融资理论、会计等式能够预测盈利和现金流发生变化时，企业融资行为和资本结构的演变情况；供给需求理论、会计等式可解释增值税税率调整对企业产品需求及利润的作用机制；现金流量理论则可用于分析增值税税率对企业经营活动、筹资活动现金流量的影响。本章以前述理论为基础，关注企业资产负债表、利润表、现金流量表所分别体现的资本结构、经营业绩、现金流三项重要的财务指标，建立增值税减税财务效应的理论分析框架，并基于所建立的理论分析框架，逐项分析税率调整对资本结构、经营业绩、现金流的作用机制，为后续章节的实证研究奠定了基础。

4.1 理论基础

4.1.1 税收中性理论

  税收中性理论是税收理论体系中的重要原则，其起源于亚当·斯密在《国富论》中所论述的"自由放任和自由竞争"的思想。税收中性理论强调国家在征税过程中应当尽量减少对市场机制的干预和扭曲，维护市场经济的运行规律，不给纳税人造成除税负以外的额外负担。根据税收中性理论，增值税税率的设计和增值税的征收应不影响市场经济的资源配置，不给纳税人带来增值税税款外的超额负担，不改变市场主体经济决策，以最低的成本换取最多的税款。

4.1.2　税收调控理论

税收调控理论是旨在通过政府运用税收手段参与国民收入的再分配，调整纳税人行为和收入，进而影响社会经济活动，实现国家宏观调控目标。在现实的市场经济条件下，由于信息不对称、外部性以及垄断等因素的存在，市场失灵的状况时有出现。国家进行适度的宏观调控成为应对市场失灵问题的重要策略。税收则是政府进行宏观调控的重要手段之一。根据税收调控理论，增值税作为我国政府税收收入占比最高的税种，其税率的调整，征税方式的改变均会对经济发展产生深远的影响。税率下调改变了国家分配经济利益的比重，可能降低部分商品或服务的含税价格，刺激社会对这部分商品或服务的总需求，缩短营业周期，提升企业产品销售的业务量和收入。

4.1.3　优序融资理论

优序融资理论亦称啄食顺序理论、融资优序理论等，是关于公司资本结构的理论。该理论认为，当企业面临新项目融资需求时，应首选内部融资，然后是外部债务融资，最后是外部股权融资。梅叶斯和梅吉拉夫（Myers and Majluf，1984）以信息不对称为基础，提出企业融资行为中的"啄食顺序原则"。当公司管理层与投资者之间存在信息不对称时，企业股票的市场定价可能是错误（低估）的。如果公司必须通过发行普通股筹集资金来投资新项目，那么普通股的错误定价会导致原股东遭受损失。这种情况下，即使新项目的净现值为正，也会被放弃。如果公司通过有价证券来为新项目融资，有价证券的价值不会像股票那样被严重低估。如果公司通过内部融资，则不存在价值低估问题。因此，公司更倾向于依赖内部融资，当必须依赖外部融资时则更倾向于负债而不是股权。

对企业来说，内部融资方式优于外部融资，但内部融资规模受限于企业的盈利能力和留存收益数额。根据优序融资理论，当增值税税率下调增加了企业产品销量、收入和盈余时，企业更倾向于增加内部融资的数额，减少外部融资规模。由此，企业的资本结构便发生变化。

4.1.4　供给需求理论

供给与需求理论主要分析买者和卖者的行为以及他们之间的相互影响，并说明市场经济中供给与需求如何决定价格，以及价格如何配置经济中的稀缺资源。一种商品或者服务的供给量是卖者愿意并且能够出售的该种商品或者服务的数量。在其他条件不变的情况下，一种商品或服务的价格上升，该商品或服务的供给量会增加。通常情况下，供给曲线是一条向右上方倾斜的曲线，其斜率为正值。一种商品或服务的需求量是买者愿意并且能够购买的一种该商品或服务的数量。在其他条件不变的情况下，一种商品或服务的价格上升，买方对该商品或服务的需求量会减少。通常情况下，需求曲线是一条向右下方倾斜的曲线，其斜率为负值。由于供给量随着价格的上升而上升，需求量随着价格的上升而下降，因而供给曲线与需求曲线会相交于一点，该点被称为市场的均衡点。此时的价格和产量能够同时为供需双方所接受，被称为均衡价格和均衡产量。

增值税税负通过价格机制不断向下游客户转嫁，最终由消费者承担。当增值税税率调整后，商品或者服务的含税价格会发生相应变化。根据供给需求理论，如果增值税税率下调，消费者购买商品的含税价格可能下降，消费需求会相应增加，并形成新的均衡点。此时商品或服务的均衡价格和产量便发生变化，企业的盈利、现金流以及资本结构可能同时发生改变。

4.1.5　现金流量理论

现金流量理论是关于现金、现金流量和自由现金流量的理论，是财务管理最为基础性的理论。现金流量包括现金流入量、现金流出量和现金净流量。

根据财务活动的不同，企业的现金流量可分为三类：一是与企业销售商品、提供劳务相关的经营活动产生的现金流量，包括除筹资、投资活动外所有的交易或事项产生的现金流量，如销售商品、提供劳务收取的现金，购买商品、接受劳务支付的现金，支付的各项税费，支付给职工以及为职工支付的现金等；二是与企业构建、处置非流动资产，包括构建固定资产、无形资产等长期资产支付的现金，处置固定资产、无形资产等长期资产收到的现金，投资支付或与投资相关活动支付的现金，收回投资或取得投资收益收到的现金等，不包括在现金等价物范围内的投资等相关的投资活动产生的现金流量；三是与企业吸收投资、取得借款等涉及企业财务规模及财务结构改变相关的筹资活动产生的现金流量，包括取得借款收到的现金与偿还借款及偿付利息支付的现金，吸收投资收到的现金与分配股利、利润支付的现金等。经营活动、投资活动、筹资活动产生的现金流量均包括现金流入量、现金流出量和现金净流量。

现金流量表是反映一定时期内（如月度、季度或年度）企业经营活动、投资活动和筹资活动对其现金及现金等价物所产生影响的财务报表。它详细描述了由公司的经营活动、投资活动与筹资活动所产生的现金流。

根据现金流量理论，增值税税率的调整通过影响企业购买商品、接受劳务支付的进项税额，销售商品、提供劳务收到的销项税额以及支付的城市维护建设税及教育费附加而影响经营活动产生的现金流量；通过影响企业购建固定资产、无形资产和其他长期资产支付的增值税进项税额，处置固定资产无形资产和其他长期资产收到的销项税额等而影响投资活动产生的现金流量。

根据现金流量理论，企业在购买商品或者接受劳务时所支付的进项税额会因增值税税率不同而不同，销售商品或者提供劳务时收到的销项税额也会因增值税税率变化而变化，同时支付的城市维护建设税及教育费附加亦因增值税税率而改变，因此企业经营活动产生的现金流量会受到增值税税率的显著影响。由于"营改增"后，增值税贯穿于企业采购、生产、销售以及投资、融资等各环节和领域，因此与经营活动产生的现金流量类似，企业投资、筹资活动所支付或者收到的现金流量均可因增值税税率而发生改变。

4.1.6　会计等式

会计等式，又称会计恒等式、会计方程式或会计平衡公式，是表明会计要素之间基本关系的等式。与本书研究主题相关的会计等式有："资产 = 负债 + 所有者权益""收入 – 费用 = 利润"。其中，前者为静态会计等式，后者为动态会计等式。

资产表明了企业拥有的经济资源的形式及数额，其来源主要有股东投入和向债权人借入两个途径，分别被称为所有者权益和负债。收入表明了企业通过销售产品或者提供服务所取得的经济利益流入；费用包括企业在生产经营中所发生的成本、税金、期间费用等；利润则为企业经营成果，是收入与费用的差额。

"资产 = 负债 + 所有者权益"为基本会计等式，反映了企业在某一特定时点上的资产、负债和所有者权益间的平衡关系，同时反映了企业的资本结构，也被称为财务状况等式，是复式记账法的理论基础，是资产负债表的编制依据。资产负债率（负债/资产×100%）、股权比率（所有者权益/资产×100%）、产权比率（负债/所有者权益×100%）等是反映企业资本结构的主要财务指标。

"收入－费用＝利润"被称为经营成果等式，反映了企业利润的实现过程，是利润表的编制依据。企业从事生产经营活动的目的在于获取利润，在这过程中会产生收入和费用，收入与费用的差额，则体现为企业创造的利润。

增值税税率下调可能通过"增加产品需求，降低产品生产成本""减少企业因视同销售和不得抵扣而承担的增值税税负""降低负债融资规模和融资成本"以及"减少税金及附加支出"等降低企业总费用，进而增加企业利润。由于企业盈利归属于企业所有者，因此盈利的增加会带来所有者权益的增加。根据会计等式"资产＝负债＋所有者权益"，当所有者权益增加，资产增加，企业的资本结构相应发生变化，资产负债率下降。

4.2 本书的理论分析框架

本书以"企业视角下的增值税减税财务效应研究"为主题，以进一步完善增值税制度和更好地发挥增值税的财务效应为研究目标。但研究目标的实现首先需要明晰增值税税率对企业财务指标的作用机制，然后再结合微观数据进行实证检验。前文所述的理论基础为分析增值税税率调整对企业绩效、现金流和资本结构的作用机制提供了良好的理论依据和分析工具。因此本部分主要是构建整体的理论分析框架，并在此基础上探讨增值税税率对企业财务指标的影响路径，为后面的实证检验和政策建议的提出梳理出清晰的逻辑关系。

本部分理论分析框架以增值税税率和企业财务指标为核心，以税收中性理论、税收调控理论、优序融资理论、供给需求理论、现金流量理论以及会计等式为工具，逐项分析税率调整对企业绩效、现金流和资本结构三项财务指标的作用机制，具体分析内容和作用路径如图 4-1 所示。第一，企业经营的根本目的在于获取利润，增值税税率会影响企业的产品销量、收入以及税金、期间费用等，因此也必然会影响企业盈利。税收中性理论、税收调控理论、供给需求理论以及会计等式为分析增值税税率调整时企业经营绩效的变化情况提供了良好的理论依据。第二，现金流是关系企业短期生存能力、偿付能力的稳健指标。增值税税率决定了企业在购买、销售商品、劳务以及长期资产环节的现金支付，决定了城市维护建设税、教育费附加等税金及附加的支付数额，在一定程度上影响着企业现金净流量。本部分对企业现金流的分析主要基于现金流量理论。第三，增值税税率的调整还会通过现金流、企业绩效、营业周期等影响企业的融资行为和资本结构。会计等式、优序融资理论等可以很好地阐释和预测企业资本结构演变情况。

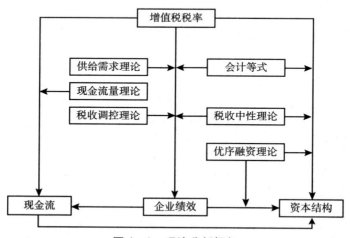

图 4-1　理论分析框架

4.3　增值税减税财务效应的机制分析

4.3.1　增值税减税对企业绩效的作用机制

根据动态会计等式"收入 – 费用 = 利润"，收入和费用共同决定了企业绩效。企业利润表呈现了利润的核算过程，其构成项目包括营业收入、营业成本、税金及附加、销售费用、管理费用、财务费用、投资收益、资产减值损失、公允价值变动损益、非流动资产处置损益、所得税费用等。其中营业收入包括主营业务收入、其他业务收入；营业成本包括主营业务成本、其他业务成本；税金及附加包括城市维护建设税、教育费附加、消费税、资源税、房产税、车船税、城镇土地使用税、印花税等。增值税为价外税，具有税收中性的特点，不属利润核算中的税金及附加范畴，亦不计入营业收入或营业成本之中。也就是说，增值税并不进入企业利润核算系统，不体现在利润表之中。尽管如此，增值税仍会通过收入、费用两个路径影响利润，即经营绩效。

一方面，增值税税率的调整是通过影响企业收入从而影响企业绩效。当企业销售产品时，除从购买方收取商品价款外，同时还收取按照相应税率计算的增值税销项税额。也就是说，购买方支付的是含税价款。当购买方为企业，但无法抵扣进项税额时，该交易环节的增值税在名义上由相应企业所承担。当购买方为最终消费者时，其所支付的含税价款中的增值税无法抵扣，该交易环节的增值税在名义上由相应消费者承担。此时，增值税税率的调整改变了商品的销售价格。根据供给需求理论，商品需求量与商品价格成反比，商品供给量与商品价格成正比。当商品价格发生改变时，均衡状态也会改变。假设增值税税率下调使得商品含税价格下降，不含税价格不变，此时消费者和无法抵扣进项税额的企业对商品的需求量会增加，均衡数量亦会增加；假设增值税税率上调使得商品含税价格上升，不含税价格不变，此时消费者和无法抵扣进项税额的企业对商品的需求量会减少，均衡数量亦会减少。在增值税税率下调和上调两种情形下，企业产品的销量和收入均会发生变动。

另一方面，增值税税率的调整通过影响企业费用而影响企业绩效。动态会计等式中的"费用"范围较广，其涵盖了企业在生产经营中所发生的主营业务成本、其他业务成本、销售费用、管理费用、财务费用、城市维护建设税、教育费附加等。尽管增值税并不出现在利润表中，但其可能在表外影响这些费用项目。首先，增值税税率通过单位固定成本作用于企业"费用"。企业产品成本可分为固定成本和变动成本。固定成本在一定业务量范围内，不受业务量增减变动的影响，总额保持不变，但分担到单位产品的固定成本会随业务量的增加而反方向变动；变动成本总额在一定业务量范围内随着业务量的变动而同方向、同比例变动，但单位变动成本不变。当增值税税率上调时，含税价格的上升使得企业产品业务量下降，单位产品分担的固定成本增加，企业利润率会有所下降；当增值税税率下调，含税价格的下降使得企业产品业务量上升，单位产品分担的固定成本减少，企业利润率会有所上升。其次，增值税税率调整通过城市维护建设税、教育费附加而作用于企业"费用"。增值税为价外税、流转税，其税负存在转嫁情形，但城市维护建设税、教育费附加却完全不同。城市维护建设税、教育费附加以企业缴纳的增值税、消费税为基础按照相应税率进行计算而得，并由企业自行承担。增值税税率越高，则增值税税额越大；增值税税额越大，则企业缴纳的城市维护建设税、教育费附加越多。反之亦然。最后，增值税税率通过期间费用作用于企业"费用"。增值税税负并非在所有情形下均可向下游转嫁。在部分增值税视同销售和不得抵扣情形下，企业会承担相应增值税税负，并根据业务性质计入销售费用、管理费用之中。此时，增值税税率越高，计入期间费用的税额就越大，企业"费用"总额也越大；增值税税率越低，计入期间费用的税额就越小，企业"费用"总额也越小。

4.3.2　增值税减税对企业现金流的作用机制

增值税税率调整通过直接和间接两条路径作用于企业现金流，即通过经营活动产生的现金流量、投资活动产生的现金流量、筹资活动产生的现金流量直接作用于企业现金流量；通过企业绩效间接作用于企业现金流量。增值税减税对企业现金流作用机制如图 4-2 所示。

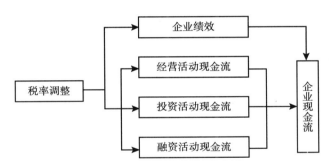

图 4-2　增值税减税对企业现金流作用机制

首先，在直接路径方面，增值税税率调整可通过改变经营活动现金流而作用于企业现金流。

企业在经营过程中需要购买原材料、电力、能源等商品以及接受劳务、交通运输、建筑服务等，支付的购买价款为包括商品、服务售价和增值税进项税额在内的含税价格。企业购进的商品、服务用于生产经营，并产生增值，增值税进项税额则为垫支状态。待企业出售产品并取得收入时，同时从购买方收取增值税销项税额，至此，企业垫支的增值税得以收回。

增值税税率决定了进项税额的高低，当增值税税率较高时，企业在购买商品、接受劳务环节所支付（垫支）的增值税进项税额较高，采购环节的现金流出量也较大；当增值税税率较低时，企业购买商品、接受劳务环节支付的现金会较少，经营活动产生的现金流出量也较小。

相对于较低的增值税税率，较高的增值税税率增加了企业采购环节的现金流出。尽管企业支付的增值税进项税额为垫支状态，在其产品销售环节能够得以收回，但在收回之前，企业可支配现金仍是减少的。

此外，经营活动产生的现金流量还包括支付的各项税费。在同样的增值额下，税率高，企业上交给国家的增值税税额便越高，以增值税税额和消费税税额为税基计算的城市维护建设税和教育费附加也就越多，企业经营活动产生的现金流出量就越大。

其次，增值税税率调整通过改变投资活动现金流而作用于企业现金流。与经营活动类似，企业在投资活动中的现金流量同样受到增值税税率的影响。以企业购进固定资产为例，在固定资产价格不变的情形下，增值税税率越高，则企业购进固定资产环节支付的现金则越多。

最后，增值税税率调整通过改变筹资活动现金流而作用于企业现金流。从筹资活动来看，债权人或者外部投资者的借贷或者投资决策会受到企业财务状况和盈利能力的影响。当增值税税率调整使得企业拥有更强的盈利能力、更好的财务状况时，债权人的或者外部投资者的投资风险较小，愿意提供资金的规模也相应较大，要求的必要收益率相应较低。此时，企业能够以较低的资本成本获得更多的融资。

除前述直接路径外，增值税税率还通过其盈余效应间接作用于企业现金流。增值税税率通过动态会计等式"收入－费用＝利润"的"收入"和"费用"改变企业绩效。在应收账款周转率、固定资产折旧额等其他因素不变的情况下，企业经营业绩越好，经营活动产生的现金净流量则越大。

4.3.3 增值税减税对企业资本结构的作用机制

资本结构及其管理是企业财务管理的核心问题之一。资本结构取决于企业筹资规模和筹资方式的选择并随着企业融资行为而发生变化。债务筹资和股权筹资是企业的两大类筹资方式，而资本结构问题实际上就是二者之间的比例问题。代表企业资本结构的典型财务指标包括资产负债率、杠杆率、产权比率、股权比率等。本部分以资产负债率作为代表性财务指标，就增值税税率对企业资本结构的作用机制展开探讨。

为了阐释增值税税率对企业资本结构的影响机制，首先对企业资产负债率进行分解。对于微观企业个体，其企业资产负债率可根据资产负债表进行计算，为当期期末负债与资产的比值，可以表示如下。

$$LEV = \frac{Deb}{Ass} = \frac{Deb}{Deb + NetAss} = \frac{Ass - OE}{Ass} \qquad (4-1)$$

其中，LEV 为企业资产负债率，Ass 为企业期末资产，Deb 为期末负债，OE 为期末所有者权益，NetAss 为净资产。以 OE_{beg} 表示企业期初所有者权益，Pro 为当期净利润，则 $OE = OE_{beg} + Pro$。以 Inc 表示企业销售收入，以 Exp 表示费用，以 Pri 表示产品单价，Qua 表示销量，则 $Pro = Inc - Exp = Pri \times Qua - Exp$。由此，式（4-1）可进一步分解如下。

$$
\begin{aligned}
LEV &= \frac{Ass - (OE_{beg} + Pro)}{Ass} \\
&= \frac{Ass - OE_{beg} - (Inc - Exp)}{Ass} \\
&= \frac{Ass - OE_{beg} - (Pri \times Qua - Exp)}{Ass} \qquad (4-2)
\end{aligned}
$$

可以看出：企业净资产（NetAss）或者股东权益（OE），收入

（Inc）、单价（Pri）和销量（Qua），成本费用（Exp），负债（Deb）等均会影响资产负债率（LEV）。

增值税税率调整影响企业资本结构的路径有三：一是以前文所述的企业绩效为中介间接影响企业融资行为和资本结构；二是通过改变企业营业周期而影响其融资行为和资本结构；三是以企业现金流为中介间接影响企业融资行为和资本结构。接下来，本部分分别展开阐述（见图4-3）。

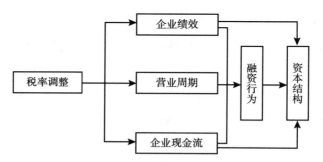

图4-3 增值税减税对资本结构作用机制

首先，增值税税率调整通过企业绩效而影响企业融资行为和资本结构。根据供给需求理论，当增值税税率调整使得产品含税价格发生变化时，产品需求量也会发生改变，产品销量、销售收入、盈利会朝同方向变动。根据式（4-2），盈利的变动会引起企业资产负债率和资本结构的变化。此外，根据优序融资理论，企业在面临资金需求时首选内源融资，然后才是外部负债融资和股权融资，盈利的变化改变了企业内源融资空间，也改变了企业外源融资的规模，因而进一步影响了企业资产负债率和资本结构。

其次，增值税税率调整还通过营业周期而影响企业融资行为和资本结构。当增值税税率调整改变了产品含税价格、市场需求和销量，企业存货周转率、营业周期和现金周期也相应改变。在收入和销量规模不变的情况下，如果现金周期增长，企业资金被占用期限增加，就需要进行更大规模的融资，资本结构也相应改变；如果现金周期缩短，企业资金被占用期限减少，资金利用效率提高，外源融资规模会相应变小，资本结构同样发生改变。

最后，增值税税率调整还通过现金流而影响企业融资行为和资本结构。根据前文所述，增值税税率调整通过经营活动产生的现金流量、投资活动产生的现金流量、筹资活动产生的现金流量作用于企业现金流量。其中，融资能力和筹资规模的改变显著影响了筹资活动产生的现金流量，同时改变了企业资本结构。经营活动和投资活动方面，增值税税率调整改变了企业在购买原材料、固定资产、劳务时垫支的增值税进项税额和支付的现金。通常情况下，企业根据资金需要量确定其融资规模。当税率升高使得企业购买环节的现金支出增加时，企业需要调整融资行为，扩大融资规模，增加负债或者股权融资；当税率下调使得企业购买环节的现金支出减少时，企业同样会调整融资行为，缩小融资规模，减少负债或者股权融资。融资行为的改变、融资规模的扩大或者缩小均会改变企业资本结构。

4.4　本章小结

本章的研究内容按理论基础的引入、理论分析框架的建立、增值税减税财务效应的机制分析三方面阐述。首先，介绍了与本研究相关的理论，包括税收中性理论、税收调控理论、优序融资理论、供给需求理论、现金流量理论以及会计等式等。这些理论为分析增值税税率下调对企业财务指标的影响提供了良好的方法和工具。其次，本章建立了增值税减税财务效应的理论分析框架，并在前述理论的支撑下，基于分析框架探讨了增值税税率下调对企业绩效、现金流和资本结构的作用机制。整体来说，增值税税率调整会通过影响企业产品价格、需求、收入、利润、期间费用、税金及附加等而影响企业绩效；通过改变经营活动产生的现金流量、融资活动、投资活动产生的现金流量直接作用于企业现金流量，并通过盈余效应间接作用于企业现金流量；通过影响产品销量、销售收入而作用于资本结构，并通过盈余效应、现金流效应间接作用于资本结构。本章的理论基础、分析框架、理论分析为后文实证章节中研究假设的提出和实证检验奠定了基础和提供了依据。

第 5 章　增值税减税与企业绩效的实证分析

　　降低实体经济成本是我国经济宏观调控的重要目标之一，是我国供给侧结构性改革的重要任务之一。降低企业成本与增加企业绩效一体两面，根据会计等式"收入－费用＝利润"，成本的降低意味着利润的增加。同时，考虑到"降成本"是我国供给侧结构性改革的重要任务之一，在理论分析部分中，本章重点探讨了增值税税率下调对企业成本的影响。在实证分析部分，以 2018 年增值税税率下调作为准自然试验，以 2016～2019 年 A 股上市公司作为研究样本，利用倾向得分匹配与双重差分法检验了增值税税率下调的"降本增效"效应。研究结果表明，增值税税率下调显著降低了处理组企业的生产经营成本，提升了处理组企业绩效，且"降本增效"效应在非国有企业中更加明显。进一步研究发现，在增值税税率下调的政策下，东部地区企业比中西部地区企业的"降本增效"效应更加显著，高成本水平企业比低成本水平企业的"降本增效"效应更加显著，大型企业比中小型企业的"降本增效"效应更加显著。本章的研究结论整体上证实了降低增值税税率在帮助企业降低生产经营成本，提升经营绩效中发挥的积极作用，对国家进一步完善增值税制度和实施减税政策具有一定的借鉴意义。

5.1 引　言

自我国经济进入新常态以来，"降成本"一直是我国政府经济宏观调控的重要目标之一，供给侧结构性改革的重要任务之一。我国经济持续多年快速发展，低成本是关键因素之一（侯祥鹏，2017）。但近年来，我国企业生产经营成本不断攀升，大量产业供需错位，多数企业创新能力不足，企业利润下降。根据国家统计局公布的数据，我国规模以上工业企业主营业务成本率长期偏高，2015年达到85.13%，主营业务收入利润率长期偏低，2015年低至5.96%。2011~2020年规模以上工业企业成本与盈利情况，如图5-1所示。

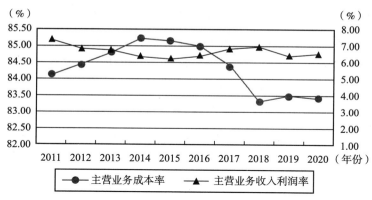

图 5-1　2011~2020 年规模以上工业企业成本与盈利情况

较高的生产经营成本抑制了微观经济主体的活力，降低了其扩大再生产的内生动力，限制了企业的研发与创新能力，可能导致大量企业债台高筑、破产或者僵尸化，因而降低实体经济运行成本是供给侧结构性改革的核心（付敏杰和张平，2016）。"降成本"的效果关系着"去杠杆""补短板""去产能"等供给侧结构性改革任务能否完成。同时，实体经济疲软，实业投资回报率下降，还使得大量企业金融化，将资本投入虚拟经济以获取更多盈利，实体经济面临着"空心化"风险（张航燕，2016），严重阻碍我国经济的健康稳定发展（杨兴全等，2021）。可以说"降成本"是推进供给侧结构性改革的关键环节，是促进我国经济高质量可持续发展的重要抓手，亦是我国现代经济体系建设的长期任务。

近年来，我国政府从财税、金融、社保等领域深化改革，落实具体任务，以降低实体经济税收负担、制度性交易成本、融资成本、用能、用地、物流成本等，助力市场主体纾困发展。在财税领域，我国连续出台企业所得税、增值税、个人所得税等多项改革措施。减税降费是减轻企业负担，提升企业业绩，激发市场主体活力（刘晔，2016；马海涛等，2016），促进经济高质量发展的重要政策工具（王佳方，2018），同时也是学界的焦点话题。

一般来说，减税降费政策可以降低企业的纳税额和税负，减轻企业负担，提升企业运营能力，拉动宏观经济（高培勇，2018；张念明，2020；秦大磊，2016），并且，张念明（2020）等提出应进一步降低企业所得税、增值税、社会保险费等主要税费负担以降低实体经济的税负成本。在具体税种方面，现有研究更多地关注企业所得税税收优惠、"营改增"以及增值税转型等流转税减税政策的"降成本"效果。企业所得税方面，王伟同等（2020）使用群聚（bunching）方法考察了减税激励与小微企业的债务负担，发现企业所得税减半征收政策显著降低了小微企业税收负担和融资成本；童锦治等（2020）运用 DID 模型证实了加速折旧政策可以缓解试点企业的融资约束。而奥尔巴赫（Auerbach，1989）、李传宪和周筱易（2020）同样验证了企业所得税的减免或者优惠降低了企业融资成本，缓解了企业融资约束。

对于"营改增"的减负效果，现有文献的结论则不相同。理论上"营改增"能够减少重复征税，降低企业税收负担。但在学界存在几种不同的观点：第一种观点认为"营改增"确实有效降低了企业税负（张春海，2019；高利芳和张东旭，2019；李远慧和罗颖，2017；等等）；第二种观点认为"营改增"对企业流转税负没有显著影响（曹越和李晶，2016；范子英和彭飞，2017），且可能出现税负不降反增的情形（徐全红，2019）；第三种观点则认为"营改增"在短期内降低了企业税负，但长期来看则会提高税负（田志伟和王晓玲，2013；倪红福等，2016）。

此外，还有文献关注了增值税转型的减负效应，认为生产型增值税转为消费型增值税增加了企业可抵扣的进项税额，缓解了企业融资约束，降低了增值税税负、固定资产购买成本（倪婷婷和王跃堂，2018；刘行和赵健宇，2019）、融资成本（申广军等，2016；张铁铸，金豪，2017）以及机会成本（聂辉华等，2009）。

除减半征收、固定资产加速折旧等企业所得税减税政策，"营改增"、增值税转型等流转税减税政策外，增值税税率简并与下调亦为重要的减税措施，但学界对其的研究相对较少，绝大多数研究角度放在了增值税税率简并与下调对企业价值（刘行和叶康涛，2018）、增值税税负（龚辉文，2020）、价格水平（徐鹏，2019）等的影响下，其原因在于增值税为流转税、价外税，具有税收中性的特点。当企业购进商品、服务时，须支付增值税，计入进项税额；而当企业出售产品时会从购买方收取增值税，计入销项税额；销项税额超过进项税额的部分上交国家，增值税税负由此转嫁到购买方，最终由消费者承担。增值税进项税额、销项税额、应纳税额均不进入企业的利润核算系统，除了以"应交增值税"为基数计算的城建税和教育费附加外，不会对企业的费用和利润产生其他影响（董培苓，2021），因而在"降成本"方面也难以发挥有效作用。但实际上，并非所有的企业在各种市场交易中都能实现完美的税负转嫁。在税负不能完全转嫁，发生视同销售行为，考虑支付进项税额的融资成本以及最终消费者的消费需求等情形下，增值税便不再是完全中性，更有可能影响企业的经营成本和绩效。增值税税率下调是否会影响企业的生产经营成本？以何种机制促进企业"降成本、增绩效"？为了回答上述问题，本章利用 2018 年增值税税率简并与下调的政策变化，基于我国上市公司2016～2019 年的财务数据，构建双重差分模型（difference-in-differences，DID）分析并检验了增值税减税政策的"降本增效"效应。

本章可能的创新之处在于：（1）从企业负债融资规模与融资成本、产品生产成本、因"视同销售"与"不得抵扣"而承担增值税税负等角度分析并验证了增值税税率下调的"降本增效"路径和效果，拓展了增值税减税效应相关研究。（2）探索了增值税税率简并与下调在企业所有制性质、规模、成本水平、所属地区等方面的异质性，可以为国家对不同地区、规模的企业出台针对性的减负措施提供参考。（3）作为第一大税种的增值税是我国推进供给侧结构性改革、促进经济转型和高质量发展的重要政策工具。本章的研究结论可为增值税的进一步改革和优化提供一定的借鉴。

本章余下部分安排如下：第二部分为理论分析与研究假设；第三部分为研究设计；第四部分为实证结果分析，包括描述性统计、基本回归结果、稳健性检验、异质性分析、作用路径检验等；第五部分为本章小结。

5.2　理论分析与研究假设

2015 年 12 月中央经济工作会议提出以"组合拳"帮助企业降低成本，包括降低制度性交易成本，税费负担，社会保险费，财务成本等。其中"降低企业税费负担"一项则强调"进一步正税清费，清理各种不合理收费，营造公平的税负环境，研究降低制造业增值税税率"。2018 年 3 月，李克强总理在十三届全国人民代表大会一次会议所作《政府工作报告》中提出"改革完善增值税制度，按照三档并两档方向调整税率水平，重点降低制造业、交通运输等行业税率，提高小规模纳税人年销售额标准"。① 2018 年 4 月，财政部、税务总局发布的《关于调整增值税税率的通知》（财税〔2018〕32 号），规定自 2018 年 5 月 1 日起，纳税人发生增值税应税销售行为或者进口货物，原适用 17% 和 11% 税率的，税率分别调整为 16%、10%。2019 年 3 月，财政部、税务总局、海关总署发布《关于深化增值税改革有关政策的公告》（财政部 税务总局 海关总署公告 2019 年第 39 号），规定自 2019 年 4 月 1 日起，增值税一般纳税人发生增值税应税销售行为或者进口货物，原适用 16% 税率的，税率调整为 13%；原适用 10% 税率的，税率调整为 9%。

增值税税率下调可能通过"增加产品需求，降低产品生产成本""减少企业因视同销售和不得抵扣而承担的增值税税负""降低负债融资规模和融资成本"以及"减少税金及附加支出"等路径促进企业"降成本"，提升绩效。

虽然名义上增值税税负通过价格机制向下游客户转嫁，最终由消费者承担（Baum，1991；Gentry and Ladd，1994），但实际上增值税税负的归属取决于供给方与需求方的市场地位和相对价格弹性（汤泽涛和汤玉刚，2020），弹性更大的一方通常承担较少的税负（万莹和陈恒，2020），因而增值税税率不仅会影响商品含税价格，还会影响商品的不含税价格。增值税税率下调的减税红利在供需双方的分配情况同样依赖于双方市场地位和价格弹性。由于实际情况较为复杂，我们讨论以下三种代表性情形：第一，商品不含税价格不变，含税价格降低；第二，商品的含税价格不变，不含税价格升高；第三，商品的含税价格降低，不含税价格升高，为前两种的中间情形。在第一种和第三种情形下，含税价格的下降可以刺激产品需求（朱启荣等，2018；李雪松和刘明，2020），降低单位产品生产成本。假设某商

① 2018 年政府工作报告全文［EB/OL］.［2023 - 07 - 09］. https://www.gov.cn/zhuanti/2018ch/2018zfgzbg/zfgzbg. htm? cld = 303.

品的需求为 q_i，含税价格为 p_i，则该商品需求函数为 $q_i = q_i$（p_1，p_2，…，p_i，…，m）。通常正常商品的价格和需求数量的变动方向是相反的，即 $\frac{\Delta q_i}{\Delta p_i} < 0$，当 $\Delta p_i < 0$ 时，$\Delta q_i > 0$，即增值税税率下调导致含税价格下降，有利于刺激消费，提升产品需求和销量（杜爽，2020；龚辉文，2020），而商品需求和销量的上升可降低企业的产品生产成本。企业的产品生产成本通常包括直接材料、直接人工和制造费用，制造费用又包括固定资产折旧、间接人工费用、间接材料费用、低值易耗品以及水电费等其他支出。其中直接材料、直接人工等费用通常在一定的业务量范围内，其总额随着业务量变动而变动，为变动成本；而固定资产折旧费、固定月工资等费用在一定的业务量范围内，其总额不受业务量变动的影响，为固定成本。设企业生产某种产品的成本为 Y，单位成本为 y，单位变动成本为 b，固定成本为 a，销量为 q，则产品生产成本为 $Y = a + bq$，单位成本为 $y = a/q + b$。当产品销量由 q 增加为 q_1 时，总成本为 $Y_1 = a + bq_1$，单位成本为 $y_1 = a/q_1 + b$。尽管业务量增加导致总成本 $Y_1 > Y$，但由于单位固定成本 $a/q_1 < a/q$，因而单位成本会有所降低。也就是说业务量的增加降低了单位产品分担的固定资产折旧、固定月工资等固定成本，最终降低了产品生产成本，提升了企业绩效（Simmons，2006）。值得注意的是，增值税税率下调并不一定带来产品含税价格的下降（Kosonen，2015），第二种情形通常发生于市场地位高的企业。这类企业通常更多地挤占了下游企业后者消费者的减税红利，在产品总成本不变的前提下，不含税价格的上升使得其销售收入增加，销售成本率预期亦会降低。

　　增值税税率下调可以有效降低企业的负债融资规模和融资成本，具体途径有三。一是增值税税率简并与下调可以通过"现金流效应"降低减少企业的融资规模与利息支出（李懋劼，2019）。根据我国增值税核算制度，当企业购进设备、原材料或者服务时，除了支付购买价款外，还需要支付相应的增值税，计入己方进项税额，此时增值税为垫支状态；当企业出售其产品时，除了收取销售价款外，还会收取相应的增值税，计入己方销项税额，进项税额与销项税额的差额上交国家，同时垫支的进项税额得以收回。可以看出，企业生产经营过程中常常需要垫付增值税。而增值税税率下调以后，企业垫支的增值税必然减少，相应地节约了现金支出，增加了企业现金流（牟信勇，2020），使得企业的融资规模和利息支出得以降低（董培苓，2021）。二是增值税税率下调可以降低企业的财务风险和平均资本成本。增值税税率下调的"现金流效应"带来融资约束的适当缓解，而融资约束得到缓解的企业可以优化其负债结构，适当减少短期负债融资，增加长期负债融资。而后者通常具有较低的财务风险和融资成本。三是增值税税率简并与下调可通过"流通效应"，提高企业资金回收速度，降低融资成本。增值税税率下调后，可能使得企业产品的含税价格下降，这对购买方来说，不仅降低了其购买支出，而且会缓解其资金约束，减少负债融资，增强其购买能力（裴淑红和王燕梅，2018）。同时，资金实力有限的潜在客户可能成为真正的购买方。企业产品流通加快，营业周期得以缩短。可以看出，增值税减税会提升产品销量（杜爽，2020），加速产品流通，提高企业资金回收速度，降低融资期限和融资成本。

增值税税率下调还可能影响企业的销售费用、管理费用等期间费用支出。增值税并非在所有条件下都能完美地向下游企业或者消费者转嫁，除购买方具有较高的需求价格弹性外，不能完美转嫁的情形还包括"进项税额不得抵扣"以及发生"视同销售"行为时。当企业购进货物、服务等用于简易计税项目、免征增值税项目、集体福利以及个人消费时，相应的增值税进项税额不得抵扣，而根据其用途计入营业成本、管理费用、销售费用等，由企业承担。增值税税率下调，减少了此类货物、服务的进项税额，因而降低了企业的管理费用、销售费用。同样，当企业将自产或者委托加工的货物用于集体福利或者个人消费，因促销等原因将自产、委托加工或者购进的货物、服务赠送给其他单位或者个人时，属于增值税视同销售行为，但不能收取相应的销项税额，此时需要缴纳增值税亦需由企业承担（刘行和叶康涛，2018），并根据具体行为性质将其计入营业成本、管理费用、销售费用等。增值税税率下调，减少了此类货物、服务视同销售的销项税额，因而降低了企业的管理费用、销售费用支出。

此外，企业缴纳的"税金及附加"同样受到增值税税率的影响。一方面，由于城建税和教育费附加是以企业缴纳的增值税、消费税为税基计算而得；另一方面，无论增值税税负在供需双方如何分配，企业缴纳的增值税均是以其销售额和相应税率计算而得，因而增值税税率的下调必然带来税金及附加的下降。企业的总成本包括营业成本、销售费用、管理费用、财务费用以及税金及附加。结合前述分析，可以看出增值税减税政策对总成本费用中的各项均可产生影响。据此，本书提出假设 1。

假设 1：增值税税率下调能够显著促进企业"降本增效"。

增值税减税对不同产权性质企业的影响可能不同（何振和王小龙，2019）。由于国有企业通常具有较高的市场地位、科技水平以及行业背景，产品竞争力较强或者为人民生活、社会发展所必需，这使得国有企业因"视同销售"而承担的增值税税负较少，因税率下调造成的产品需求变动亦较小，因而增值税减税政策对国有企业产品生产成本以及期间费用的影响较小，对非国有企业影响则相对较大。另外，从融资角度来看，由于国有企业有政府提供的隐性担保及预算软约束等特点（李传宪和周筱易，2020），在金融市场上更受优待，通常面临较低的融资约束和融资成本（李广子和刘力，2009），资本成本敏感性也较弱（徐明东和田素华，2013）。相反，非国有企业在同等条件下更可能面临融资难、融资贵的情形。因而，增值税税率下调对国有企业负债融资规模及成本的影响相对较小，对非国有企业的影响则更大。基于以上分析，本书提出假设 2。

假设2：与国有企业相比，增值税税率下调在非国有企业中的"降本增效"效应更加明显。

5.3 研究设计

5.3.1 模型构建

本章拟采用双重差分模型（DID）对增值税税率下调的"降本增效"效应进行实证检验。将2018年增值税税率下调看作一项政策试验，参照已有文献（谷成和王巍，2021；李颖和张莉，2021；等等）的普遍做法，以2018年和2019年税率下调的制造业、交通运输等行业为处理组，以税率未下调的行业为控制组，并借鉴申广军（2018）、格鲁伯和波特巴（Gruber and Poterba，1994）的做法，建立双重差分模型如下：

$$Totcostrt_{it} = \beta_0 + \beta_1 Post_{it} + \beta_2 X_{it} + \gamma_i + \lambda_t + \varepsilon_{it} \qquad (5-1)$$

其中，Totcostrt为被解释变量，表示企业总成本率，亦可代表企业绩效（销售利润率＝1－总成本率）。[①]

Post为核心解释变量，是分类虚拟变量treated与时间虚拟变量t的交互项，表示政策处理效应，用来测度增值税税率下调对企业生产经营成本的影响。X是包括企业规模Size、上市时间Age、资产负债率Lev、成长性Growth等在内的一组控制变量，γ_i为企业固定效应，λ_t为年份固定效应。

双重差分模型（DID）的应用要求处理组与控制组应满足共同趋势假设，即如果不存在增值税税率下调，处理组与控制组的成本指标

---

① 如果以销售净利率代表企业绩效，销售净利率＋总成本率＝1，因此Totcostrt为被解释变量，既可表示企业总成本率，亦可代表企业绩效。

随时间变化趋势不存在系统性差异。但实际上以制造业、交通运输等行业为主的处理组和以生活服务业、现代服务业为主的控制组具有不同的生产经营模式，很可能无法满足这一界定，而 PSM – DID 方法可以很好地解决这个问题（Heckman et al. , 1997）。

本章的结果变量为企业成本，以 Totcostrt 表示。需要检验的是增值税税率下调对处理组企业生产经营成本的影响，即

$$\tau_{ATT} = E\left[\, Totcostrt_{1it} - Totcostrt_{0it} \mid t = 1,\ treated_i = 1\, \right]$$

$$= E\left[\, Totcostrt_{1it} \mid t = 1,\ treated_i = 1\, \right]$$

$$- E\left[\, Totcostrt_{0it} \mid t = 1,\ treated_i = 1\, \right] \tag{5-2}$$

其中，$treated_i$ 表示企业 i 是处理组还是控制组，$treated_i = 1$ 表示 2018 年增值税税率下调的企业，$treated_i = 0$ 表示 2018 年增值税税率未下调的企业。t 为时间虚拟变量，增值税税率下调以前，t = 0；增值税税率下调以后，t = 1。$Totcostrt_{0it}$、$Totcostrt_{1it}$ 分别表示企业 i 在 t 期的两个潜在结果（受到政策干预的成本、未受到政策干预的成本）。但在现实中，我们只能观测到其中一个。在增值税税率下调以后的 2018 年和 2019 年，对于处理组来说，只能获取 $Totcostrt_{1it}$，而无法获取其不受政策干预的 $Totcostrt_{0it}$。

在进行倾向得分匹配（PSM）后，为处理组中的个体匹配了与其相似的控制组个体，因而控制组与处理组便有了共同趋势，即

$$E\left[\, Totcostrt_{0it} \mid t = 1,\ treated_i = 1\, \right] - E\left[\, Totcostrt_{0it} \mid t = 1,\ treated_i = 0\, \right]$$

$$= E\left[\, Totcostrt_{0it} \mid t = 0,\ treated_i = 1\, \right] - E\left[\, Totcostrt_{0it} \mid t = 0,\ treated_i = 1\, \right] \tag{5-3}$$

结合式（5 – 2）和式（5 – 3），增值税税率下调对处理组的影响可表示为

$$\tau_{ATT} = E\left[\, Totcostrt_{1it} \mid t = 1,\ treated_i = 1\, \right] - E\left[\, Totcostrt_{0it} \mid t = 1,\ treated_i = 1\, \right]$$

$$= \left\{ E\left[\, Totcostrt_{1it} \mid t = 1,\ treated_i = 1\, \right] - E\left[\, Totcostrt_{0it} \mid t = 0,\ treated_i = 1\, \right] \right\}$$

$$- \left\{ E\left[\, Totcostrt_{0it} \mid t = 1,\ treated_i = 0\, \right] - E\left[\, Totcostrt_{0it} \mid t = 0,\ treated_i = 0\, \right] \right\} \tag{5-4}$$

式（5 - 4）中的 $\{E[Totcostrt_{1it}|t=1,treated_i=1]-$ $E[Totcostrt_{0it}|t=0,treated_i=1]\}$ 为处理组在增值税税率下调前后的成本差分，$\{E[Totcostrt_{0it}|t=1,treated_i=0]-E[Totcostrt_{0it}|t=0,treated_i=0]\}$ 为控制组在增值税税率下调前后的成本差分，二者的差即为双重差分，由此就可以排除增值税税率下调以外的其他因素对企业成本的影响，进而得到 τ_{ATT} 估计量就是增值税税率下调对企业成本的"净影响"。

参考已有文献以及 R^2 最大原则，本部分以企业规模（Size）、上市时间（Age）、资产负债率（Lev）、成长性（Growth）、总资产周转率（TAT）等为协变量，依据平衡性检验、协变量均值是否存在显著差异以及平行趋势检验结果，采用 1：2 最近邻匹配，为每个处理组企业挑选出与其相似的控制组企业。以 PSM 处理后的企业为样本，使用双重差分模型进行回归分析。

5.3.2　研究变量及测度

（1）被解释变量。

总成本率（Totcostrt）：以总成本费用与营业收入之比来衡量。总成本费用包括主营业务成本、其他业务成本、期间费用、税金及附加等。

需要说明的是，本章所采用的总成本率（Totcostrt）既可代表企业总体成本及费用情况，亦可代表企业经营绩效。由于总成本率 = 总成本费用/营业收入，而代表企业绩效的指标为销售净利率 = 净利润/营业收入，根据会计等式"收入 - 费用 = 利润"，总成本率与销售净利率之和为 1，所以当总成本率降低时，销售净利率将以同等幅度提高，当总成本率提高时，销售净利率将以同等幅度降低。因此，以总成本率（Totcostrt）为被解释变量的实证检验结果既可代表增值税税率调整的降成本效应，又可代表增绩效的效果。

（2）解释变量。

处理变量（treated）：对于 2018 年增值税税率下调的制造业、交通运输、建筑等行业企业，treated 取值为 1；对于生活服务业、现代服务业等税率未下调的行业企业，treated 取值为 0。

时间变量（t）：增值税税率下调以前的 2016 年、2017 年为 0；增值税税率下调以后的 2018 年、2019 年为 1。

政策处理效应（Post）：处理变量（treated）与时间变量（t）的交互项，处理组企业在 2018 年、2019 年为 1，其他情形均为 0。

（3）控制变量。

参考周楷唐等（2017）、陈昭和刘映曼（2019）的研究，本部分选取企业规模（Size）、上市时间（Age）、资产负债率（Lev）、成长性（Growth）、增值税有效税率（VATRate）、股权集中度（Top1）、总资产周转率（TAT）、托宾 Q 值（TBQ）等作为控制变量。其中，增值税有效税率 VATRate 的计算参考申广军（2016）的做法，以企业缴纳的增值税与营业收入的比值来衡量，而企业缴纳的增值税则参考谷成和王巍（2021）、曹越和李晶（2016）等文献的做法，以城建税、教育费附加和地方教育附加及其相应税率（附加率）推算而得。

本书变量定义如表 5 - 1 所示。

表 5 - 1　　　　　　　　　　变量定义

变量符号	变量名称	变量描述
Totcostrt	总成本	总成本费用/营业收入
treated	处理变量	生活服务业、现代服务业的企业为 0，享受增值税税率下调政策的企业为 1
t	时间变量	2018 年及之后年份取 1，2018 年之前取 0
Post	年份和政策交乘项	表示增值税税率下调的净效应
VATRate	增值税有效税率	实际缴纳增值税税款/营业收入
TBQ	托宾 Q 值	（股权市场价值 + 债权账面价值）/总资产
Growth	成长性	（当年营业收入 - 上年营业收入）/上一年营业收入

变量符号	变量名称	变量描述
Lev	负债水平	负债/资产
Top1	股权集中度	第一大股东的持股比例
Age	企业上市时间	会计年度与上市年度差值的对数
Size	企业规模	总资产的对数
FArt	固定资产比率	固定资产/总资产
TAT	总资产周转率	营业收入/总资产

5.3.3 数据来源与样本选择

本章以我国 A 股上市公司在 2016～2019 年四年间的财务数据为样本，并依据以下标准进行了筛选：（1）剔除金融业、保险业上市公司；（2）剔除 ST、*ST 及 PT 公司；（3）剔除关键财务数据缺失、异常的公司；（4）剔除 2016 年及以后上市的公司；（5）剔除行业分类为综合的公司，以减少复合税率对行业分组的影响。经过筛选，最终得到 2477 家公司 4 年研究期间的 9908 个研究样本观测值。样本公司的财务数据来自 Wind 和 CSMAR 数据库。

5.4 实证结果分析

5.4.1 描述性统计

在回归之前，本部分首先对主要变量进行了描述性统计，结果如表 5 - 2 所示。可以看到样本期间内总成本（Totcostrt）的均值为 0.952，即总成本占营业收入的比重平均为 95.2%，净利润在营业收入的比重为 4.8%（1 - 95.2%）。总成本（Totcostrt）的最大值为 1.953，最小值为 0.573，不同企业间的成本负担和盈利能力差距较大。

表 5－2　　　　　　　　　描述性统计结果

变量	样本数	平均值	标准差	最小值	最大值
Totcostrt	9908	0.952	0.181	0.573	1.953
Post	9908	0.441	0.497	0	1
Top1	9908	0.335	0.147	0.03	0.891
VATRate	9908	0.155	0.453	0	3.534
Size	9908	22.406	1.334	18.287	28.636
TBQ	9908	2.422	2.035	0.673	45.411
FArt	9908	0.205	0.161	0	0.954
Age	9908	2.272	0.765	0	3.401
Lev	9908	0.421	0.2	0.008	1.398
TAT	9908	0.642	0.543	0.006	11.976
Growth	9908	0.166	0.335	－0.522	1.826

资料来源：笔者根据 Wind 数据库、CSMAR 数据库相关数据计算整理所得。

5.4.2　倾向得分匹配处理

表 5－3 列示了对样本进行 1：2 最近邻匹配后的结果。可以看到，处理组和控制组在匹配后各协变量的标准偏差均显著降低，增值税有效税率、负债水平、股权集中度、托宾 Q 值、固定资产比重、上市时间、成长性、规模和总资产周转率的标准偏差绝对值分别降低了 64.5%、95.4%、91.8%、90.7%、97.5%、98.8%、98.7%、82.7% 和 87.7%。根据罗森巴姆和鲁宾（Rosenbaum and Rubin，1983）的研究，匹配后的协变量标准偏差绝对值小于 20%，可达到匹配效果。本部分匹配后各协变量的标准偏差绝对值均远远低于 20%，其中成长性和增值税有效税率最低，分别为 0.1% 和 －1.1%，

企业规模标准偏差绝对值较高，为7.1%，这表明在倾向得分匹配处理后处理组和控制组样本特征变得较为接近，匹配效果较好。

表5-3   倾向得分匹配结果

协变量	样本	均值		标准偏差（%）	标准偏差缩减（%）	t值	p值
		处理组	控制组				
VATRate	匹配前	0.1561	0.1429	3.1	64.5	0.94	0.347
	匹配后	0.1578	0.1627	-1.1		-0.70	0.481
Lev	匹配前	0.4316	0.3466	45.7	95.4	13.90	0.000
	匹配后	0.4276	0.4236	2.1		1.37	0.169
Top1	匹配前	0.3413	0.2880	36.6	91.8	11.77	0.000
	匹配后	0.3375	0.3418	-3.0		-1.90	0.057
TBQ	匹配前	2.3097	3.1665	-35.7	90.7	-13.58	0.000
	匹配后	2.3288	2.4078	-3.3		-2.80	0.005
FArt	匹配前	0.2181	0.1045	81.1	97.5	23.46	0.000
	匹配后	0.2110	0.2140	-2.0		-1.16	0.244
Age	匹配前	2.2961	2.0439	32.9	98.8	10.68	0.000
	匹配后	2.2858	2.2886	-0.4		-0.26	0.794
Growth	匹配前	0.1607	0.1895	-8.2	98.7	-2.79	0.005
	匹配后	0.1621	0.1617	0.1		0.09	0.932
Size	匹配前	22.4650	21.9710	41.1	82.7	11.98	0.000
	匹配后	22.4430	22.3640	7.1		4.54	0.000
TAT	匹配前	0.6598	0.5337	21.2	87.7	7.40	0.000
	匹配后	0.6626	0.6479	2.6		1.09	0.278

5.4.3 基本回归结果

（1）增值税税率下调与企业总成本。

表5-4列示了利用式（5-1）检验增值税税率下调对企业成本（Totcostrt）的影响的双重差分估计值。其中，表5-4中列（1）未

加入控制变量，只控制了公司固定效应和年度固定效应，列（2）则在列（1）的基础上加入了企业规模、成长性、增值税有效税率、负债水平、股权集中度、托宾 Q 值、固定资产比重、上市时间和总资产周转率等控制变量。可以看到，列（1）和列（2）中核心解释变量 Post 的系数均在 1% 的水平上显著为负，说明增值税减税政策显著地降低了处理组的总成本，提高了企业经营绩效，假设 1 得到验证。

表 5 - 4　　　　增值税税率下调的 "降成本" 效应回归结果

变量	（1）Totcostrt	（2）Totcostrt
Post	-0.0500 *** （-2.67）	-0.0434 *** （-2.63）
VATRate		0.0410 （1.40）
Size		-0.2082 *** （-10.40）
TBQ		-0.0090 ** （-2.48）
FArt		0.3160 ** （2.55）
Age		0.0292 （1.05）
Lev		0.6818 *** （10.53）
TAT		-0.1050 *** （-3.15）
Growth		-0.1276 *** （-9.73）
Top1		-0.5068 *** （-3.41）
常数项	0.9230 *** （101.62）	5.4292 *** （12.16）

变量	（1）Totcostrt	（2）Totcostrt
公司固定效应	YES	YES
年份固定效应	YES	YES
观测值	2669	2669
Within R^2	0.0648	0.2933

注：括号内为检验 t 值；**，***分别表示在 5%、1% 水平上显著。

（2）国有企业与非国有企业的对比分析。

为了比较分析增值税减税政策对国有企业与非国有企业影响的差异，本部分将全样本按照企业所有制属性区分为国有企业和非国有企业两组样本。对分组后的样本，仍旧采用式（5-1）进行回归检验，结果如表 5-5 所示。从表 5-5 中列（1）可以看到，国有企业样本组中，核心解释变量 Post 的估计系数为 -0.0236，但并不显著（t = -1.06），而在列（2）中核心解释变量 Post 的估计系数为 -0.0563，且在 1% 的水平上显著为负（t = -2.79），表明增值税减税政策在非国有企业中的"降本增效"效应大于国有企业，其原因在于非国有企业通常面临更高的融资约束和融资成本以及因促销等而承担的增值税税负，因而，在增值税税率下调以后，经营成本的下降更加明显，这一结果验证了假设 2。

表 5-5   分组回归结果

变量	（1）国有企业 Totcostrt	（2）非国有企业 Totcostrt
Post	-0.0236 （-1.06）	-0.0563 *** （-2.79）
VATRate	-0.0182 （-0.55）	0.1092 *** （2.75）

变量	（1）国有企业 Totcostrt	（2）非国有企业 Totcostrt
Size	-0.1153 *** （-3.81）	-0.2576 *** （-10.44）
TBQ	0.0031 （0.63）	-0.0085 * （-1.89）
FArt	0.1108 （0.67）	0.4522 *** （3.01）
Age	0.0399 （1.20）	0.0154 （0.43）
Lev	0.6504 *** （5.99）	0.6846 *** （9.03）
TAT	-0.0038 （-0.08）	-0.1718 *** （-4.14）
Growth	-0.1243 *** （-6.21）	-0.1070 *** （-6.73）
Top1	-0.1119 （-0.78）	-0.8762 *** （-3.72）
常数项	3.2269 *** （4.81）	6.5906 *** （11.93）
公司固定效应	YES	YES
年份固定效应	YES	YES
观测值	665	2004
Within R^2	0.2564	0.3245

注：括号内为检验 t 值；*，*** 分别表示在 10%、1% 水平上显著。

5.4.4　稳健性检验

（1）共同趋势检验。

双重差分模型的应用要求处理组与控制组企业在政策执行之前需

满足共同趋势假设。基于此，本部分借鉴王（Wang，2013）、何靖
（2016）、阿莫尔等（Amore et al.，2013）的研究，在主回归方程中
引入一系列时间虚拟变量 Dyear 与 treated 的交乘项，构建式（5 - 5）
进行共同趋势检验。

$$\text{Totcostrt}_{it} = \alpha_0 + \sum_{t=2017}^{2019} \varphi_t \, \text{treated}_i \times D_t + \beta_4 X_{it} + \gamma_i + \lambda_t + \varepsilon_{it}$$

$$(5 - 5)$$

由于 2016 年为基准年份，故式（5 - 5）中的交乘项未包括
2016 年。若增值税税率下调前年份的交乘项的估计系数与 0 无差
异，且下调以后年份的交乘项显著不等于 0，则表明共同趋势成
立。表 5 - 6 的列（1）结果显示，在政策实施前的 2017 年，交乘
项的估计系数接近于 0，且不显著；在政策实施的当年（2018
年），交乘项的估计系数的绝对值有所增大，但仍不显著；在政策
实施后的 2019 年，交乘项的估计系数在 1% 的水平上显著为负，共
同趋势假设成立。

表 5 - 6　　　　　　　　　　共同趋势检验结果

变量	（1）全样本 Totcostrt	（2）国有企业 Totcostrt	（3）非国有企业 Totcostrt
before1（2017）	0.0031 (0.19)	- 0.0137 (- 0.42)	0.0103 (0.52)
current（2018）	- 0.0247 (- 1.15)	- 0.0562 (- 1.56)	- 0.0229 (- 0.87)
after1（2019）	- 0.0585 ** (- 2.49)	- 0.0074 (- 0.27)	- 0.0810 *** (- 2.65)
常数项	5.4365 *** (7.48)	3.2712 *** (3.79)	6.6078 *** (7.56)
控制变量	YES	YES	YES

续表

变量	（1）全样本 Totcostrt	（2）国有企业 Totcostrt	（3）非国有企业 Totcostrt
公司固定效应	YES	YES	YES
年度固定效应	YES	YES	YES
观测值	2669	665	2004
Within R^2	0.2946	0.264	0.3276

注：括号内为检验 t 值；** ，*** 分别表示在 5% 、1% 水平上显著。

（2）安慰剂检验。

为了进一步检验处理组的成本和绩效的变化确实是受到增值税减税政策的影响，而非其他混杂因素的作用，本章参考吕越等（2019）、托帕洛娃（Topalova，2010）等文献的做法，通过虚构政策实施时间（将政策时间前置）进行安慰剂检验。在虚构的政策实施时间下，核心解释变量的估计系数应当不显著。如果核心解释变量的估计系数显著，则说明处理组成本的下降可能受到其他混杂因素的影响，而不仅仅是增值税减税政策因素。本部分将政策实施时间前置于 2017 年，检验结果如表 5 - 7 所示。表 5 - 7 中列（1）至列（3）分别列示了全样本、国有企业样本组、非国有企业样本组的估计结果，可以看到核心解释变量的估计系数并不显著。

表 5 - 7　　　　　　　　　　安慰剂检验结果

变量	（1）全样本 Totcostrt	（2）国有企业 Totcostrt	（3）非国有企业 Totcostrt
Post	- 0.0272 （- 1.37）	- 0.0242 （- 0.94）	- 0.0284 （- 1.20）
VATRate	0.0429 （1.46）	- 0.0196 （- 0.59）	0.1147 *** （2.88）

续表

变量	(1) 全样本 Totcostrt	(2) 国有企业 Totcostrt	(3) 非国有企业 Totcostrt
Size	-0.2096 *** (-10.44)	-0.1168 *** (-3.85)	-0.2586 *** (-10.44)
TBQ	-0.0087 ** (-2.39)	0.0032 (0.66)	-0.0082 * (-1.80)
FArt	0.2957 ** (2.39)	0.0957 (0.58)	0.4299 *** (2.86)
Age	0.0327 (1.17)	0.0415 (1.26)	0.0153 (0.43)
Lev	0.6891 *** (10.62)	0.6533 *** (6.01)	0.6956 *** (9.16)
TAT	-0.1029 *** (-3.07)	-0.0087 (-0.20)	-0.1641 *** (-3.95)
Growth	-0.1269 *** (-9.64)	-0.1232 *** (-6.15)	-0.1070 *** (-6.69)
Top1	-0.5170 *** (-3.47)	-0.1158 (-0.81)	-0.9057 *** (-3.84)
常数项	5.453 *** (12.19)	3.261 *** (4.86)	6.612 *** (11.92)
公司固定效应	YES	YES	YES
年份固定效应	YES	YES	YES
观测值	2669	665	2004
Within R^2	0.2906	0.2558	0.3202

注：括号内为检验 t 值；*，**，*** 分别表示在 10%、5%、1% 水平上显著。

　　另外，本章还参考蔡等（Cai et al.，2016）的做法，进行了随机生成处理组的安慰剂检验。具体来说，本部分从样本中随机选取企业作为处理组，仍旧采用式（5-1）进行回归，并重复 500 次。由于处理组是随机产生的，处理组与时间交互项的估计系数应当与 0 无显著差异。图 5 - 2 报告了检验结果，可以看到交互项系数估计值接近于 0，且绝大多数都不显著，这与预期相符。

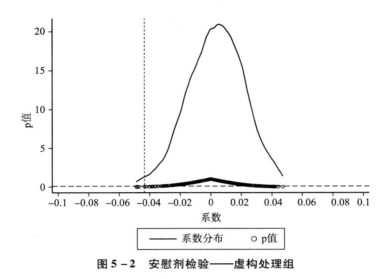

图 5 - 2　安慰剂检验——虚构处理组

通过两类安慰剂检验，可以排除其他混杂因素对企业"降成本"的影响。

（3）考察企业经营绩效。

根据会计等式"收入 - 费用 = 利润"①，企业总成本（费用）的下降必然带来企业利润的增加，而企业利润的增加同样可以证明成本的降低。基于此，本部分进一步考察了增值税减税政策对销售净利率（ROS）、成本费用利润率（PCR）等企业经营绩效指标的影响，对"降本增效"效应进行稳健性检验。仍旧采用式（5 - 1），将模型中被解释变量 Totcostrt 替换为 ROS、PCR，进行回归。表 5 - 8 列示了替换被解释变量后的检验结果，增值税减税政策显著提升了全样本与

① 会计等式"收入 - 费用 = 利润"中的费用是指包括营业成本、期间费用、税金及附加等在内的总成本费用，与本章所述总成本内涵相同。

非国有企业的销售净利率、营业成本利润率，在国有企业样本组中则不显著，与前文保持一致。

表 5 - 8   对企业经营绩效的检验结果

变量	(1) 全样本 ROS	(2) 国有 企业 ROS	(3) 非国 有企业 ROS	(4) 全样本 PCR	(5) 国有 企业 PCR	(6) 非国 有企业 PCR
Post	0. 0478 *** (2. 88)	0. 0224 (0. 88)	0. 0561 *** (2. 79)	0. 0407 ** (2. 36)	0. 0169 (0. 64)	0. 0480 ** (2. 28)
常数项	- 3. 4940 *** (- 7. 76)	- 3. 0774 *** (- 4. 03)	- 4. 0531 *** (- 7. 37)	- 4. 1387 *** (- 8. 86)	- 3. 5404 *** (- 4. 44)	- 4. 7141 *** (- 8. 22)
公司固定效应	YES	YES	YES	YES	YES	YES
年份固定效应	YES	YES	YES	YES	YES	YES
观测值	2669	665	2004	2636	659	1977
Within R^2	0. 2492	0. 1396	0. 2906	0. 2495	0. 1218	0. 2885

注：括号内为检验 t 值；**，***分别表示在 5%、1% 水平上显著。

5. 4. 5　异质性分析

在增值税税率下调的政策下，不同企业的"降成本"效应可能不同，因此本章进一步考察了不同地区、不同规模以及不同成本水平企业的异质性。

（1）企业异质性。

为了进一步检验不同成本水平企业在增值税税率下调下"降成本"的异质性，本部分将样本企业按照成本水平的平均值分为高成本和低成本两组样本，利用式（5 - 1）分别对两组样本进行回归分析，结果如表 5 - 9 所示。可以看到，核心解释变量 Post 的回归系数在列（1）显著为负（t = - 1. 98）；在列（2）同样为负，但不显著（t = - 1. 32）。这说明，增值税税率下调的"降成本"效应在高成本水平的企业中更加明显，成本负担越重，减负效应越大。

表 5 - 9　　　　　　　　　　企业异质性分析

变量	（1）高成本企业	（2）低成本企业	（3）大型企业	（4）中型企业	（5）小型企业
Post	- 0.0749 ** （- 1.98）	- 0.0143 （- 1.32）	- 0.0386 ** （- 2.55）	- 0.1011 （- 1.65）	- 0.1220 （- 0.49）
常数项	6.0796 *** （3.76）	4.6419 *** （5.00）	6.0376 *** （8.47）	5.5302 *** （3.27）	- 6.2357 （- 0.91）
公司固定效应	YES	YES	YES	YES	YES
年份固定效应	YES	YES	YES	YES	YES
观测值	1012	1657	2083	536	50
Within R^2	0.2546	0.2393	0.295	0.3727	0.7464

注：括号内为检验 t 值；** , *** 分别表示在 5%、1% 水平上显著。

　　此外，由于增值税税负的转嫁情况受到企业市场地位的影响，而不同规模的企业通常具有不同的市场地位，进而享受不同的减税收益。本部分还按照规模大小，将样本企业分为大、中、小三组样本，利用式（5 - 1）分别进行回归分析。表 5 - 9 的列（3）至列（5）分别列示了大型、中型、小型企业的估计结果。可以看到，列（3）中核心解释变量 Post 的回归系数为 - 0.0386，且在 5% 的水平上显著（t = - 2.55）；而列（4）、列（5）中核心解释变量 Post 的回归系数并不显著（t 值分别为 - 1.65、- 0.49）。这说明增值税税率下调的"降成本"效应在大型企业中更加明显，其原因可能在于大型企业通常具有较高的市场地位和议价能力，较高的成本管理以及税收筹划水平，因而能够更多地转嫁增值税税负和享受增值税减税红利。

　　（2）所属地区异质性。

　　由于我国东部、中部、西部地区的经济发展水平、企业管理水平不同，因而增值税税率下调的"降成本"效应亦可能不同。基于此，本部分按照企业所属地区不同，进行了地区异质性分析，结果如表5－10所示。表5－10的列（1）中系数估计值为－0.0352，且在10%的水平上显著（t=－1.89）；列（2）、列（3）的系数估计值均不显著。这说明增值税税率下调的"降成本"效应在东部地区更加明显，其原因可能是东部地区具有较高的经济发展水平，企业具有更强的竞争力以及更高的管理水平，因而在市场交易和市场竞争中占据优势地位，能够更好地把握和利用税收政策，更多地分享增值税减税收益。

表5－10　　　　　　　　　　　所属地区异质性分析

变量	（1）东部地区	（2）中部地区	（3）西部地区
Post	－0.0352* （－1.89）	－0.0408 （－0.90）	－0.0902 （－1.41）
常数项	5.7140*** （10.88）	4.5058*** （3.50）	4.9871*** （3.35）
公司固定效应	YES	YES	YES
年份固定效应	YES	YES	YES
观测值	2037	343	289
Within R^2	0.3120	0.2238	0.3318

注：括号内为检验t值；*，***分别表示在10%、1%水平上显著。

5.4.6　作用路径检验

本章的理论分析部分提出，增值税税率下调主要通过以下路径促进企业成本的降低和绩效的提高：增加产品需求，降低单位产品生产成本；减少企业因"视同销售"和"不得抵扣"而承担的增值税税负；降低负债融资额度和融资成本；减少"税金及附加"支出。在上述4条路径中，由于"税金及附加"以企业缴纳的增值税、消费税税额为税基计算，因而增值税税率下调必然带来应交增值税税额和

"税金及附加"的减少，故无须对此进行检验，仅需对前 3 条路径进行检验。本章仍采用 PSM – DID 模型，并同时控制企业固定效应和年度固定效应，对前述作用路径进行检验。在表 5 – 11 的列（1）中，以销售成本率（Procost）作为产品生产成本的代理变量。该变量越低，代表企业产品生产成本越低，在列（2）中，以财务费用与负债总额的比值（Debtcost）作为企业负债融资成本的代理变量。该变量越大，代表企业负债融资的资本成本越高；在列（3）和列（4）中分别以销售费用率（Salexp）和管理费用率（Adexp）来衡量企业因"视同销售"和"不得抵扣"而承担的增值税的变化情况。企业因"视同销售"和"不得抵扣"而承担的增值税减少，意味着销售费用和管理费用的降低。

表 5 – 11　　　　　　　　　作用路径检验

变量	Procost	Debtcost	Salexp	Adexp
Post	– 0. 0104 * （– 1. 66）	– 0. 0061 * （– 1. 67）	– 0. 0118 ** （– 2. 06）	– 0. 0086 ** （– 2. 49）
常数项	1. 7041 *** （9. 91）	– 0. 1370 （– 1. 56）	0. 6198 *** （3. 81）	0. 7117 *** （7. 61）
公司固定效应	YES	YES	YES	YES
年份固定效应	YES	YES	YES	YES
观测值	2825	2703	2618	3087
Within R^2	0. 0703	0. 0446	0. 2318	0. 1742

注：括号内为检验 t 值；*，**，*** 分别表示在 10%、5%、1% 水平上显著。

表 5 – 11 中列（1）检验了增值税税率下调对企业产品生产成本的影响。可以看到，增值税税率下调以后企业产品的生产成本在 10% 的水平上显著下降（系数估计值为 – 0. 0104，t 值为 – 1. 66）。检验结果从降低产品生产成本这一路径上为本章的理论推导提供了证据。表 5 – 11 的列（2）检验了增值税税率下调对企业负债融资成本

的影响。可以看到，处理组企业的负债融资成本在政策实施后显著降低（系数估计值为 -0.0061，t 值为 -1.67），这说明税率下调在缓解企业融资约束，降低企业负债融资成本方面有积极作用。表 5 - 11 的列（3）、列（4）检验了企业销售费用和管理费用的变化情况。可以看到，在增值税税率下调以后，处理组企业的销售费用和管理费用支出水平明显下降。前者的系数估计值为 -0.0118，在 5% 的水平上显著，后者的估计系数为 -0.0086，在 5% 的水平上显著，这说明增值税减税政策降低了企业因"视同销售"和"不得抵扣"而承担的增值税。

5.5 本 章 小 结

减税降费是帮助企业"降成本"的"组合拳"之一。本章以 2018 年增值税税率下调作为准自然试验，以 2016 ~ 2019 年 A 股上市公司作为研究样本，利用倾向得分匹配与双重差分法检验了增值税税率下调对企业成本和经营业绩的影响。研究发现，增值税税率下调显著降低了处理组企业的生产经营成本，提升了处理组企业的绩效，且降成本、增绩效的效应在非国有企业中更加明显。进一步的研究发现，与低成本水平的企业相比，增值税税率下调的"降本增效"效应在高成本水平的企业中更加明显；与中、小型企业相比，增值税税率下调的"降本增效"效应在大型企业中更加明显；与中、西部地区企业相比，增值税税率下调的"降本增效"效应在东部地区企业中更加明显。本章的研究结论整体上证实了 2018 年以来，调整增值税税率在帮助企业降低成本中发挥的积极作用，同时也拓展了增值税减税效应的相关研究。增值税减税政策既可以促进企业成本的降低和绩效的提高，又可以刺激产品需求，是推进供给侧结构性改革和需求侧管理的有效政策工具。

　　本章的研究具有以下政策启示：一是应进一步简并增值税税率。当前增值税税率为 6% 、9% 、13% 三档税率，档次仍然较多，基本税率依然较高。较高的税率造成了企业过高的生产经营成本，抑制了产品需求和企业活力。较多的税率档次则造成不同行业、不同产品的税赋差距较大，影响了市场资源配置。因此，建议进一步简并增值税税率，将三档税率并为两档，并降低基本税率，以进一步降低企业生产经营成本，激发企业活力，助力供给侧结构性改革和需求侧管理目标的实现。二是完善对小微企业以及西部地区企业的减税政策。本章的研究结论表明中小企业以及中西部地区企业的"降成本"效应并不明显，未能充分地享受增值税税率下调的减税收益，而这种情形在小微企业以及西部地区企业中会更加突出。因此，建议针对中小微及西部地区企业实行多样化的减税政策，在税率下调的同时，配合"加计抵减""放宽留抵退税适用范围"等政策。同时还可考虑由相关部门对全产业链的产品及服务定价进行监管，避免弱势企业的利益被过度侵蚀。

第6章 增值税减税与企业现金流的实证分析

本章主要关注增值税税率下调对企业现金流量的影响。现金净流量和利润是反映企业经营成果的核心财务指标。企业的日常生产经营、投资、研发等行为均离开现金的支撑。相对于利润，现金流能够更有效地应用企业财务决策。

首先，本章分析了增值税税率下调对企业现金净流量的影响路径，包括降低企业采购环节所支付的增值税进项税额，减少企业因城市维护建设税和教育费附加而发生的现金支付，增加企业产品销量、收入、利润和现金流创造能力，改善财务状况和盈利能力以拓展外源融资空间等。其次，通过建立双重差分模型，利用上市公司财务数据对增值税税率下调的现金流效应进行实证检验。最后，还进行了包括安慰剂检验、平行趋势检验在内的多项稳健性检验以及关于地区异质性和企业规模异质性的分析。

6.1 引　　言

现金是企业的"血液"，如果一家企业的现金流管理出现问题，便可能面临着破产的危机（祝继高和陆正飞，2009）。

相对于企业利润，现金流能够更有效地用于企业投资决策和融资决策。博登霍恩（Bodenhorn，1964）提出了利润的现金流概念，认为利润很难应用于财务决策，而现金流的概念和财富最大化与投资决策更相关，同时公司股票价值也是未来现金净流量的现值。

企业现金流是现金持有的决定因素，而适度的现金持有可以增加企业财务柔性，使得企业在面临投资机会或者不利的经济环境时，能够采取更佳的财务行为，实现企业价值的最大化。当遭受重大不利事件的冲击时，持有超额现金或者保持低负债的企业具有更强的能力去抵御冲击（曾爱民等，2013）。肖土盛等（2020）关注了企业现金持有的预防价值，基于新冠疫情带来的事件冲击，分析了不同现金持有水平的企业在面对危机时的反应，发现拥有更高水平现金持有量的企业在窗口期内获得更好的超额收益率，即现金持有水平与超额收益率显著正相关。

近年来，我国企业生产经营成本不断攀升，大量产业供需错位，多数企业创新能力不足，企业利润下降，也造成了企业现金流的不足。特别是在新冠疫情影响下的 2020～2022 年，我国企业的生产经营受到了不同程度的影响，大量企业销售活动被迫停滞，部分中小微企业陷入财务危机（朱武祥等，2020；代冰彬等，2023）。

朱武祥等（2020）在全国范围内就新冠疫情之下中小微企业面临困境进行了问卷调查，结果表明 85% 的中小微企业的现金余额不足以维持 3 个月。

现金持有在企业生产经营中的作用至关重要，影响着企业的项目投资、生产经营的可持续性以及企业价值等。充足的现金储备能够使得企业在动荡的经营环境中抓住有利的投资机会（Soenen，2003），又可使得企业能够更好地应对环境的不确定性，防范偿债风险等（Bates et al.，2009；Duchin，2010）。

当企业持有一定量的预防性现金时，能够更好地应对环境的不确定性。当企业生产经营陷入困境，或者外部融资约束加剧时，持有预防性现金能够帮助企业应对流动性危机。曾爱民等（2013）研究发现，在金融危机期间，拥有良好现金储备的企业通常具有较强的资金筹集和调用能力，能够更好地应对金融危机带来的冲击。

因投机性动机需要而持有现金对企业的发展和盈利同样重要。现金的缺乏可能使得企业丧失有利的投资机会。坎佩洛等（Campello et al.，2010）通过对美国、欧洲和亚洲的 1050 名企业的首席财务官（CFO）的调查发现，在 2008 年的金融危机期间，86% 的企业由于资金筹集和融资约束问题，而影响了项目投资，超过 50% 的企业不得不取消或者推迟计划中的投资。

现金持有量并非越多越好，部分学者认为现金持有量的增加会带来代理成本的增加，并降低企业价值（Pinkowitz et al.，2006；Dittmar and Mahrt – Smith，2007），亦有学者认为超额现金持有水平与企业盈利呈现倒 U 形关系。张会丽和吴有红（2012）研究发现，当企业超额现金持有水平较低时，其与营业毛利率正相关，而当超额现金持有水平超过一定值时，其与营业毛利率负相关，即整体上呈现倒 U 形关系。

影响企业现金流及现金持有的因素是多方面的，既有文献关注了宏观经济政策（陆正飞和韩非池，2013）、市场竞争（韩忠雪和周婷婷，2011；杨新宝和王志强，2015）、企业多元化程度（王福胜和宋海旭，2012）、管理层态度与权力（Acharya et al.，2012；杨兴全等，2014；刘元秀等，2016）等。例如，陆正飞和韩非池（2013）关注了宏观经济政策对现金持有的市场竞争效应和价值效应的影响，研究发现受到国家政策鼓励且现金持有量较高企业的产品成长性更好，市场价值更高。杨新宝和王志强（2015）从现金持有的流量和存量两个角度分析市场竞争的影响，研究发现市场竞争越激烈，企业表现出越强的现金—现金流敏感性，会持有越多的现金。

包括流转税和所得税在内的减税政策是提振我国经济，提升企业绩效和现金流的重要措施（谭雪和李婧萱，2023）。

企业所得税减税政策对企业现金流的影响较为直接，可以通过提高企业投资收益增加企业现金流，降低资金使用成本，激励企业扩大投资（Auerbach，1989；Moll，2014），这也得到了诸多文献的支持。比如，童锦治等（2020）研究发现固定资产加速折旧政策直接减少了企业因支付企业所得税发生的现金支出，可以有效缓解企业融资约束并提高企业现金流。税收负担的降低还可通过提高企业税后投资收益率以激励风险资本加大对企业的资金支持（李炳财等，2021）。爱德华兹和托德豪普特（Edwards and Todtenhaupt，2020）研究发现美国资本利得税负的降低显著增加了初创企业的每轮股权融资规模。

以增值税为主的流转税占据了企业纳税总额的大部分份额，同样对企业现金流有显著影响。既有文献关注了"营改增"（赵颖，2022）、增值税留抵退税（孙正等，2020）、进项税额加计抵减（饶茜等，2020）、税率调整（刘行和叶康涛，2018；李远慧和陈蓉蓉，2022；等等）、小规模纳税人增值税起征点（甘犁等，2019）等增值税改革措施对企业现金流的影响。例如，赵颖（2022）认为流转税对企业的影响主要体现在现金流而非绩效，"营改增"通过促进产业分工和释放现金流而助力企业发展。甘犁等（2019）研究发现小规模纳税人增值税起征点的调高降低了企业税收负担和经营成本，提高了企业绩效。目前，尚未有文献针对增值税税率调整的现金流效应进行全面的理论分析和实证检验。

本章聚焦于增值税税率调整的"现金流效应"，首先，从理论上详细分析了增值税税率下调政策对企业现金净流量的影响路径；其次，利用我国上市公司 2016～2019 年财务数据和倾向得分匹配—双重差分模型进行了实证检验；最后，还进行了稳健性检验和关于"现金流效应"异质性的进一步分析。

本章可能的贡献在于：（1）关注了增值税税率下调的"现金流效应"，补充了增值税减税效应的相关研究。现金流量是关系企业可持续发展的重要财务指标，增值税是企业缴纳税金中占比最高的税种，税率下调是影响最为广泛的增值税减税措施，但目前尚未有文献针对增值税税率下调的现金流效应进行针对性的分析和检验。本章的研究是对增值税减税效应相关研究的补充。（2）全面阐述了增值税税率调整对企业现金流的影响路径，丰富了增值税减税财务效应的相关理论。既有研究多关注增值税税率下调对企业投资、全要素生产率的影响，仅将"现金流效应"作为中介因素展开相应分析。但实际上，增值税税率下调对企业现金流的影响并非简单直接，而是可能通过直接、间接等多条路径产生影响。本章全面阐述了增值税税率下调"现金流效应"的产生路径，包括降低企业采购环节所支付的增值税进项税额，减少企业因城市维护建设税和教育费附加而发生的现金支付，增加企业产品销量、收入、利润和现金流创造能力，改善财务状况和盈利能力以拓展外源融资空间等，丰富了增值税减税财务效应的相关理论。

6.2　理论分析与研究假设

根据财务活动的不同，企业的现金流量还可分为经营活动产生的现金流量、投资活动产生的现金流量、筹资活动产生的现金流量等。增值税税率下调可通过多条路径影响企业经营活动、投资活动以及筹资活动产生的现金流量。

增值税税率下调可通过四个路径增加企业现金流量。接下来，本部分分别展开论述。

第一，增值税税率的降低可通过减少企业在购买环节所支付的增值税进项税额影响企业经营活动产生的现金流量。根据我国增值税制度，当企业购入货物、加工修理修配劳务、服务等时，除支付购买价款外，还需要支付相应的增值税，计入增值税进项税额。此时，增值税进项税额处于企业垫支状态。

在企业经营活动产生的现金流量中，经营活动现金流出包括支付给职工以及为职工支付的现金、支付的各项税费、支付的其他与经营活动相关的现金等项目。当增值税税率由 17% 调整为 13% 时，经营活动现金流出数额将减少，即企业垫支的增值税进项税额减少，因此采购活动发生的现金流出减少。

当企业生产并销售其产品时，除收取销售价款外，还同时收取增值税销项税额，此时垫支的增值税进项税额得以收回。企业在销售环节的经营活动现金流入包括销售商品、提供劳务收到的现金，收到的税费返还以及收到的其他与经营活动有关的现金等。当增值税税率由 17% 调整为 13% 时，企业在销售环节收取的增值税销项税额减少，经营活动现金流入相应较少。

仅从现金流量来看，增值税税率下调导致的现金流入和流出均减少，似乎并未影响经营活动产生的现金流量。但是，由于增值税进项税额为企业所垫支，垫支期限为整个现金周期。税率越高，垫支的进项税额则越多；税率越低，垫支的进项税额则越少。因此，增值税税率下调将显著减少企业垫支的增值税和现金流出数额，提高企业可支配现金流量。

第二，增值税税率下调减少企业因城市维护建设税和教育费附加而支付的现金流。

城市维护建设税和教育费附加以企业所缴纳的增值税、消费税税额之和为税基，按照相应税率进行计算、缴纳。增值税是以单位或者个人生产经营过程中取得增值额为课税对象征收的一种税。企业实际缴纳的增值税税额为增值额与增值税税率的乘积，即增值税税额 = 增值额 × 增值税税率。企业实际缴纳的城市维护建设税为实际缴纳的增值税、消费税税额与城市维护建设税的乘积，即城市维护建设税税额 =（实际缴纳的增值税 + 实际缴纳的消费税）× 适用税率 =（增值额 × 增值税税率 + 实际缴纳的消费税）× 适用税率。企业缴纳的教育费附加和地方教育费附加为实际缴纳的增值税、消费税税额与征收比率的乘积，即教育费附加和地方教育费附加 =（实际缴纳的增值税 + 实际缴纳的消费税）× 征收比率 =（增值额 × 增值税税率＋实际缴纳的消费税）×征收比率。因此，在企业增值额、城市维护建设税税率、教育费附加和地方教育附加征收率不变的条件下，当增值税税率下调后，企业实际缴纳的城市维护建设税税额也会相应减少。

第三，增值税税率下调通过降低成本费用，增加盈利而提升企业现金流创造能力。

企业现金来源主要有二：一是内源资金，二是外源资金（曾爱民等，2013）。企业盈利是内源资源规模的决定因素。当增值税税率下调通过"价格效应"增加企业产品需求时，企业的业务量增长，资金回笼速度加快（Bates et al.，2009），营业收入、营业利润、留存收益等增加，经营活动产生的现金净流量会显著增加（谭雪和李婧萱，2023），即现金流创造能力显著提升，内源融资空间增大。艾尔·哈耶克（Al Hayek，2018）的研究也证实了在公司的经营活动中，销售收入和净利润与净现金流量之间存在统计学上显著的关系。

第四，增值税税率下调通过改善企业财务状况和盈利能力，而提升企业融资能力和现金柔性。

企业外部投资者通常会衡量投资风险和收益。对投资风险较大的企业或者项目，外部投资者会限制投资规模，提高必要收益率。从资金需求方角度来看，则形成融资约束。根据坎佩洛等（2010）的调查研究，在资金受限的公司中，受到过融资规模限制的企业占比为81%，面临过高融资成本的企业占比为59%，难以启动或续期信贷额度的企业占比为55%。

当增值税税率下调提升了企业盈利能力和现金流（李鑫等，2022），改善了企业财务状况，便向外界传递出企业运营良好的信号，能够吸引更多的债权人或者外部投资者，缓解融资约束，拓展了企业外源融资空间（邓力平等，2020）。

基于以上分析，本章提出假设3。

假设3：增值税税率下调能够显著提高企业现金净流量。

　　国有企业与非国有企业在我国经济发展中均发挥着重要作用，二者所有权性质、出资人以及分布行业的不同决定其在产品交易市场以及信贷市场的地位存在着显著不同，因此增值税税率下调的"现金流效应"在国有企业和非国有企业中可能存在着极大的不同。

　　首先，国有企业有政府提供的隐性担保及预算软约束等特点，在金融市场上更受优待，通常面临较低的融资约束，现金流不足的情况远少于非国有企业。而相比于国有企业，非国有企业自身规模较小，市场地位较低，更易受"融资难、融资贵"问题的困扰。因此增值税税率下调对国有企业融资约束和现金流的影响相对较小，对非国有企业融资约束和现金流的影响的则更大。其次，国有企业通常具有较高的市场地位和议价能力，在市场交易中能够更多地将增值税税负转嫁给供应商或者购买方，自身承担的税负较少。因此，增值税税率下调对国有企业税负及绩效的影响相对较小。最后，由于所处行业特征及较高的市场地位，国有企业在市场交易中处于优势地位，在采购环节的价税款项支付以及销售环节的价税款项回收中均能够采取对己方更有利的交易方式，最大限度地降低资金的占用规模及期限。因此，税率下调带来的对经营活动现金流量的影响也更小。

　　基于以上分析，本章提出假设 4。

　　假设 4：相对于国有企业，增值税税率下调的"现金流效应"在非国有企业中更显著。

6.3　研究设计

6.3.1　模型构建

　　本章拟采用双重差分模型（DID）对增值税税率下调的"现金流

效应"进行实证检验。将 2018 年增值税税率下调看作一项政策试验，以 2018 年和 2019 年增值税税率未下调的企业为处理组，以税率下调的企业为控制组，并借鉴申广军（2018）、格鲁伯和波特巴（Gruber and Poterba，1994）的做法，建立双重差分模型如下：

$$NCF_{it} = \beta_0 + \beta_1 Post_{it} + \beta_2 X_{it} + \gamma_i + \lambda_t + \varepsilon_{it} \qquad (6-1)$$

其中，NCF 为被解释变量，表示企业现金净流量比率，根据企业年报中现金流量表所披露的现金净流量与企业营业收入的比值确定。

Post 为核心解释变量，是分类虚拟变量 treat 与时间虚拟变量 t 的交互项，表示政策处理效应，用来测度增值税税率下调对现金净流量比率的影响。X 是包括企业规模 Size、上市时间 Age、资产负债率 Lev、成长性 Growth、增值税有效税率 VATRate、固定资产比率 FArt、总资产周转率 TAT、是否国有企业 SOE、股权集中度 Top1、息税前利润率 EBITrt 等在内的一组控制变量，γ_i 为企业固定效应，λ_t 为年份固定效应。

另外，需要说明的是，本章处理组和控制组的选择与通常做法有所不同。本章将未享受增值税税率下调政策的企业作为处理组，将享受税率下调政策的企业作为控制组。其原因在于，在本章选择的上市公司样本中，享受增值税税率下调政策的企业数量占比较高，未享受增值税税率下调政策的企业数量占比较低，使得本章在对样本进行倾向得分匹配时，无法采用 1∶2 或者 1∶3 等较高比例的最近邻匹配方法，不便于进行多项稳健性检验。在将处理组和控制组的身份对换以后，处理组企业数量较少，而控制组企业数量较多，使得我们可以为每个处理组样本选择出一个或者多个与其接近的控制组样本，实现更佳的匹配效果。

处理组和控制组的身份是相对的，两者最大的区别在于一方受到某种政策的影响，而另一方未受到该政策的影响。当把其中任何一方设置为处理组时，另一方均可起到对照的作用，均可作为控制组。因此，将处理组与控制组身份对调后，并不会影响回归结果。

6.3.2　研究变量及测度

本章的被解释变量 NCF 为企业现金净流量比率，根据企业年报中现金流量表所披露的现金净流量数额和利润表所披露的营业收入数额确定，计算公式为：企业现金净流量比率（NCF）=现金净流量/营业收入×100；核心解释变量为处理组虚拟变量 treat 与时间虚拟变量 t 的交互项 Post。处理组企业在增值税税率下调之前的 2016 年和 2017 年，Post 取值为 0，处理组企业在增值税税率下调之后的 2018 年和 2019 年，Post 取值为 1。控制组企业在整个样本期间，Post 均取值为 1。

本部分在双重差分模型中加入了一系列可能影响企业现金流且随时间变化的因素，具体如下。

是否国有企业（SOE）：国有企业和非国有企业在商品交易市场和信贷市场的地位不同，增值税税率下调带来的影响可能不同，因此本部分将是否为国有企业纳入模型。当样本企业为国有企业时，SOE 取值为 1；当样本企业为非国有企业时，SOE 取值为 0。

资产负债率（Lev）：资产负债率是企业融资行为的结果，同时也影响企业的财务风险、融资活动现金流量、净资产收益率等。计算公式为：资产负债率（Lev）=负债/资产。

增值税有效税率（VATRate）：企业实际缴纳增值税税款与营业收入的比值。企业缴纳的增值税则参考谷成和王巍（2021）、曹越和李晶（2016）等文献的做法，以城建税、教育费附加和地方教育附加及其相应税率（附加率）推算而得。

除上述变量外，本章还在模型中加入了上市时间（Age）、成长性（Growth）、固定资产比率（FArt）、总资产周转率（TAT）等变量，具体描述如表 6-1 所示。

表 6 − 1   变量定义

变量符号	变量名称	变量描述
NCF	现金净流量比率	现金流量表中的现金净流量/营业收入×100
treat	处理变量	虚拟变量，对于处理组企业，treat 取值为 1，对于控制组企业，treat 取值为 0
t	时间变量	虚拟变量，2018 年及之后年份取 1，2018 年之前取 0
Post	时间变量和处理变量交乘项	表示增值税税率下调的影响。处理组企业在税率下调之后为 1，否则均为 0
SOE	是否国有企业	虚拟变量，对于国有企业，SOE 取值为 1，否则为 0
Lev	资产负债率	负债总额/资产总额
VATRate	增值税有效税率	实际缴纳增值税税款/销售收入
TBQ	托宾 Q 值	(股权市场价值 + 债权账面价值)/总资产
Growth	成长性	(当年营业收入 − 上年营业收入)/上一年营业收入
Top1	股权集中度	第一大股东的持股比例
Age	企业上市时间	会计年度与上市年度差值加 1 后的对数
Size	企业规模	总资产加 1 后的对数
EBITrt	息税前利润率	息税前利润/营业收入
FArt	固定资产比率	固定资产/总资产
TAT	总资产周转率	营业收入/总资产

6.3.3　数据来源与样本选择

本章以我国 A 股上市公司在 2016～2019 年的 4 年间的财务数据为样本，并依据以下标准进行了筛选：（1）剔除金融业、保险业上市公司；（2）剔除 ST、*ST 及 PT 公司；（3）剔除关键财务数据缺失、异常的公司；（4）剔除 2016 年及以后上市的公司；（5）剔除行业分类为综合的公司，以减少复合税率对本章中行业分组的影响。经过筛选，最终得到 2645 家公司 4 年研究期间的 10580 个研究样本观测值。样本公司的财务数据来自 Wind 和 CSMAR 数据库。另外，为了消除极端值对回归结果的影响，本章对所有连续性变量进行了上下1%的缩尾处理。

6.4 实证结果分析

6.4.1 描述性统计

表 6-2 列示了主要变量的描述性统计结果。可以看到样本期间内现金净流量比率（NCF）的均值为 1.637，即现金净流量占营业收入的比值平均为 1.637%，最大值为 2426.156，最小值为 -2053.626，标准差为 61.236，不同企业的现金净流量比率差距较大。

表 6-2　　　　　　　　　　描述性统计结果

变量	样本数	平均值	标准差	最小值	最大值
NCF	10580	1.637	61.236	-2053.626	2426.156
Post	10580	0.441	0.497	0	1
LEV	10580	0.421	0.02	0.008	1.397
SOE	10580	0.346	0.476	0.000	1.000
VATRate	9909	0.155	0.453	0	3.534
EBITrt	10580	0.104	0.396	-13.92	15.023
Size	10580	22.406	1.334	18.287	28.636
TBQ	10580	2.422	2.035	0.673	45.411
FArt	10580	0.205	0.161	0	0.954
Age	10580	2.272	0.765	0	3.401
TAT	10580	0.642	0.543	0.006	11.976
Growth	10580	0.166	0.335	-0.522	1.826
Top1	10580	0.335	0.147	0.03	0.891

资料来源：笔者根据 Wind 数据库、CSMAR 数据库相关资料计算整理所得。

6.4.2 倾向得分匹配处理

在进行回归分析之前，本部分首先对原样本进行了倾向得分匹配的处理。参考已有文献以及 R^2 最大原则，以现金净流量比率为结果变量，以增值税有效税率、负债水平、股权集中度、托宾 Q 值、息税前利润率等作为协变量，并依据平衡性检验、协变量均值是否存在显著差异等原则，确定合适的匹配方法，为处理组企业挑选出与其相似的控制组企业。

表 6 - 3 列示了本部分对样本进行 1 ∶ 4 最近邻匹配后的结果。可以看到，在匹配前，处理组和控制组样本的各协变量之间的偏差均较大。在匹配后，处理组和控制组各协变量的标准偏差均显著降低，增值税有效税率（VATRate）、负债水平（Lev）、股权集中度（Top1）、托宾 Q 值（TBQ）、息税前利润率（EBITrt）、固定资产比率（FArt）、上市时间（Age）、成长性（Growth）、规模（Size）和总资产周转率（TAT）的标准偏差绝对值分别降低了 41.1%、90.9%、99.6%、68.6%、85.4%、91.4%、90.5%、90.2%、79.5% 和 98.8%。根据罗森巴姆和鲁宾（1983）的研究，匹配后的协变量标准偏差绝对值小于 20%，可达到较好匹配效果。本章匹配后各协变量的标准偏差绝对值均远远低于 20%，其中股权集中度（Top1）和总资产周转率（TAT）最低，分别为 0.1% 和 0.4%，托宾 Q 值（TBQ）的偏差绝对值最大，为 14.3%，未超过 20%。这表明在经过倾向得分匹配处理后，处理组和控制组样本特征变得较为接近，匹配效果较好。

表 6 - 3　　　　　　　　　　倾向得分匹配结果

协变量	样本	均值		标准偏差（%）	标准偏差缩减（%）	t 值	p 值
		处理组	控制组				
SOE	匹配前	0.24607	0.3487	-22.6	63.7	-4.89	0.000
	匹配后	0.24518	0.2824	-8.2		-1.43	0.154

续表

协变量	样本	均值		标准偏差（％）	标准偏差缩减（％）	t 值	p 值
		处理组	控制组				
VATRate	匹配前	0.14418	0.16724	−5.5	41.1	−1.15	0.251
	匹配后	0.14378	0.15736	−3.3		−0.64	0.523
Lev	匹配前	0.32642	0.41921	−50.4	90.9	−10.61	0.000
	匹配后	0.32733	0.31887	4.6		0.80	0.424
Top1	匹配前	0.29405	0.34618	−36.1	99.6	−8.10	0.000
	匹配后	0.29441	0.29464	−0.2		−0.03	0.978
TBQ	匹配前	3.7228	2.8073	45.5	68.6	10.72	0.000
	匹配后	3.7142	4.0017	−14.3		−2.04	0.041
EBITrt	匹配前	0.1433	0.12261	13.6	85.4	23.46	0.000
	匹配后	0.14522	0.14823	−2.0		−1.16	0.244
FArt	匹配前	0.10638	0.21943	−80.1	91.4	−16.21	0.000
	匹配后	0.1067	0.11638	−6.9		−1.46	0.144
Age	匹配前	1.868	2.147	−32.2	90.5	−7.29	0.000
	匹配后	1.8664	1.8399	3.1		0.47	0.637
Growth	匹配前	0.24998	0.21274	9.8	90.2	2.29	0.022
	匹配后	0.2513	0.25494	−1.0		−0.14	0.885
Size	匹配前	21.881	22.35	−40.2	79.5	−8.18	0.000
	匹配后	21.884	21.788	8.2		1.46	0.144
TAT	匹配前	0.50879	0.64161	−35.3	98.8	−7.06	0.000
	匹配后	0.51006	0.50847	0.4		0.09	0.932

图 6 - 1 则展示了以现金净流量比率（NCF）为结果变量，采用 1 : 4 最近邻匹配方法进行 PSM 前后的标准偏误情况和平衡性检验的具体结果。可以看到，在代表匹配之前样本偏差情况的黑色圆点 "·" 普遍偏离 0 轴较多，而代表匹配之后样本偏差情况的 "×" 明显更加接近于 0 轴，且均在 −15% 和 10% 之间，说明本部分的倾向得分匹配达到了较好的效果。

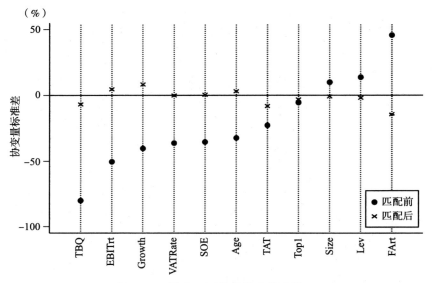

图 6 - 1　样本匹配前后标准偏误情况

6.4.3　基本回归结果

（1）增值税税率下调与企业现金净流量比率。

表 6 - 4 汇总了利用式（6 - 1）和 PSM 后样本检验增值税税率下调对企业现金净流量比率（NCF）影响的回归结果。其中表 6 - 4 的列（1）未加入控制变量，只控制了公司固定效应和年度固定效应，列（2）则在列（1）的基础上加入了企业规模、息税前利润率、成长性、是否国有企业、增值税有效税率、资产负债率、股权集中度、托宾 Q 值、固定资产比率、上市时间和总资产周转率等控制变量。可以看到，列（1）中，核心解释变量 Post 的系数均在 1% 的水平上显著为负，在列（2）中，核心解释变量 Post 的系数均在 5% 的水平上显著为负，这说明增值税税率下调使得处理组企业（未受税率下调影响的企业）的现金净流量比率显著降低，也说明增值税税率下调政策显著提高了受影响企业的现金净流量比率。假设 3 得到验证。

表 6 - 4　　增值税税率下调与企业现金净流量比率（总样本）

变量	(1) NCF	(2) NCF
Post	- 6. 0093 *** (- 2. 88)	- 4. 1856 ** (- 2. 06)
SOE		3. 8995 (1. 00)
Top1		- 48. 5673 *** (- 3. 85)
Lev		26. 7230 ** (2. 27)
EBITrt		27. 1800 *** (5. 7)
VATRate		7. 536 (1. 32)
Size2		6. 9343 ** (2. 52)
TBQ		- 1. 1530 * (- 1. 76)
FArt		- 13. 5744 (- 1. 07)
Age		- 15. 1091 *** (- 4. 16)
TAT		9. 8960 ** (2. 28)
Growth2		4. 2856 ** (1. 97)
常数项	11. 5801 *** (9. 88)	- 112. 652 * (- 1. 88)
公司固定效应	YES	YES
年份固定效应	YES	YES
N	4391	4374
Within R^2	0. 0394	0. 0894

注：括号内为检验 t 值；*，**，*** 分别表示在 10% 、5% 、1% 水平上显著。

（2）区分国有企业与非国有企业的回归分析。

为了比较增值税税率下调的"现金流效应"在国有企业与非国有企业间的差异，本部分将样本分为两组，仍旧采用式（6-1）进行回归检验，结果如表6-5所示。可以看到，在表6-5的列（1）所呈现的国有企业样本组回归结果中，核心解释变量 Post 的估计系数为正，但并不显著；在列（2）所呈现的非国有企业样本组回归结果中，核心解释变量 Post 的估计系数在5%的水平上显著为负。这说明，与国有企业相比，增值税税率下调的"现金流效应"在非国有企业中更显著。假设4得到验证。

表6-5 分组回归结果

变量	（1）国有企业 NCF	（2）非国有企业 NCF
Post	3.4313 （1.01）	-6.2594 ** （-2.50）
Top1	-50.0681 *** （-2.97）	-56.5680 *** （-2.79）
Lev	25.9728 （1.16）	27.2824 ** （1.98）
EBITrt	40.7933 *** （2.97）	25.9711 *** （5.00）
VATRate	2.6202 （0.43）	13.2751 （1.54）
Size2	10.5491 *** （2.69）	6.1057 * （1.66）
TBQ	-0.6606 （-0.54）	-1.6405 ** （-2.15）
FArt	-22.6858 （-1.28）	-9.2301 （-0.53）

续表

变量	（1）国有企业 NCF	（2）非国有企业 NCF
Age	− 18. 3481 *** （ − 2. 67）	− 13. 8683 *** （ − 3. 03）
TAT	5. 1342 （0. 68）	13. 4858 ** （2. 43）
Growth2	4. 3576 （0. 96）	4. 3761 * （1. 73）
常数项	− 181. 552 ** （ − 1. 99）	− 95. 0497 （ − 1. 19）
公司固定效应	YES	YES
年份固定效应	YES	YES
N	1244	3130
Within R^2	0. 0838	0. 0991

注：括号内为检验 t 值；*，**，*** 分别表示在 10% 、5% 、1% 水平上显著。

6. 4. 4　稳健性检验

（1）共同趋势检验。

双重差分模型要求处理组与控制组在政策执行之前具有共同趋势。基于此，本部分借鉴王（2013）、何靖（2016）、阿莫尔等（2013）的研究，在主回归方程中引入一系列时间虚拟变量 Dyear 与 treated 的交乘项，构建式（6 − 2）进行共同趋势检验。

$$\text{Totcostrt}_{it} = \alpha_0 + \sum_{t=2017}^{2019} \varphi_t \, \text{treated}_i \times D_t + \beta_4 X_{it} + \gamma_i + \lambda_t + \varepsilon_{it}$$

$$（6 − 2）$$

由于 2016 年为基准年份，故式（6 − 2）中的交乘项未包括 2016 年。若增值税税率下调前年份的交乘项的估计系数与 0 无差异，且下调以后年份的交乘项显著不等于 0，则表明共同趋势成立。共同趋势检验结果如表 6 - 6 所示。以全样本为例，根据表 6 - 6 中列（1）结果，在政策实施前的 2017 年，交乘项的估计系数不显著；在政策实施的当年（2018 年），交乘项的估计系数的绝对值有所增大，且变为在 5% 的水平上显著；在政策实施后的 2019 年，交乘项的估计系数的绝对值进一步增大，仍在 1% 的水平上显著，这说明总样本的共同趋势假设成立。

表 6 - 6   共同趋势检验结果

变量	（1）全样本 NCF	（2）国有企业 NCF	（3）非国有企业 NCF
before1（2017）	- 6. 4181 （- 1. 46）	4. 369 - 0. 9	- 9. 9626 （- 1. 59）
current（2018）	- 7. 0101 ** （- 2. 00）	7. 1552 （1. 32）	- 11. 1461 *** （- 2. 60）
after1（2019）	- 8. 0319 ** （- 2. 46）	4. 332 （0. 84）	- 11. 7473 *** （- 2. 91）
常数项	- 110. 777 * （- 1. 86）	- 181. 858 ** （- 2. 00）	- 95. 3123 （- 1. 19）
控制变量	YES	YES	YES
公司固定效应	YES	YES	YES
年度固定效应	YES	YES	YES
观测值	4374	1244	3130
Within R^2	0. 0907	0. 0850	0. 1020

注：括号内为检验 t 值；*，**，*** 分别表示在 10%、5%、1% 水平上显著。

对于国有企业样本，在政策实施前的 2017 年、政策实施的当年（2018 年）、政策实施后的 2019 年，交乘项的估计系数均不显著，这与主回归的结果一致。

对于非国有企业样本，在政策实施前的 2017 年，交乘项的估计系数不显著；在政策实施的当年（2018 年），交乘项的估计系数的绝对值有所增大，且变为在 1% 的水平上显著；在政策实施后的 2019 年，交乘项的估计系数的绝对值进一步增大，仍在 1% 的水平上显著，这说明非国有企业样本的共同趋势假设成立。

（2）安慰剂检验。

为了进一步说明受增值税税率下调政策影响的企业的现金流量比率变化的原因确为税率调整所引起，而非其他混杂因素的作用，本部分参考蔡等（2016）的做法，进行了随机生成处理组的安慰剂检验。

以包括国有企业和非国有企业的全样本为例，由于筛选后的样本中，处理组样本数量为 273 家，故本部分从所有样本中随机选取 273 家企业为处理组，仍旧采用式（6-1）进行回归，并重复 500 次。由于处理组是随机产生的，处理组与时间交互项的估计系数应当与 0 无显著差异。图 6-2 报告了检验结果，可以看到交互项系数估计值接近于 0，且绝大多数都不显著，这与预期相符。

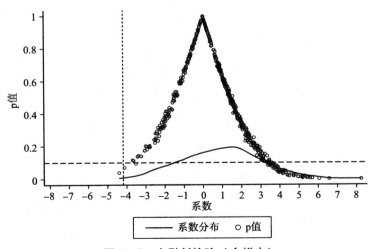

图 6-2　安慰剂检验（全样本）

采用同样的方法，本部分还分别对国有企业和非国有企业样本进行了随机生成处理组的安慰剂检验，结果分别如图6-3和图6-4所示，均与预期相符。

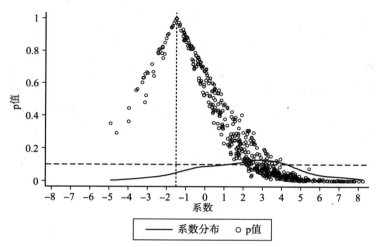

图6-3 安慰剂检验（国有企业样本）

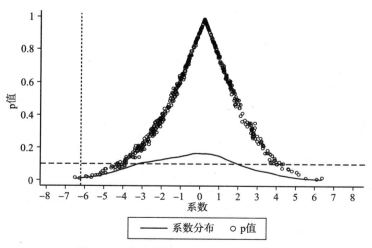

图6-4 安慰剂检验（非国有企业样本）

（3）改变倾向得分匹配方法。

在主回归中，本章采用的是 1∶4 最近邻匹配的方法，为每个处理组样本选择预期相近的控制组样本。为了保证研究结果的稳健性，本部分改变了倾向得分匹配方法，重新对样本进行筛选，以筛选后的样本再次利用双重差分模型进行实证检验。

首先，将匹配方法调整为 1∶2 最近邻匹配，采用此方法匹配后的总样本量更少，2016～2019 年 4 年的观测值数量为 3191。利用式（6 - 1）对 1∶2 最近邻匹配后的样本进行回归的结果如表 6 - 7 所示。表 6 - 7 中列（1）为未加入控制变量，只控制了公司固定效应和年度固定效应，列（2）则在列（1）的基础上加入了企业规模、息税前利润率、成长性、是否国有企业、增值税有效税率、资产负债率、股权集中度、托宾 Q 值、固定资产比率、上市时间和总资产周转率等控制变量。可以看到，列（1）中，核心解释变量 Post 的系数在5% 的水平上显著为负，在列（2）中，核心解释变量 Post 的系数均在 10% 的水平上显著为负。这说明，在将倾向得分匹配方法由 1∶4 最近邻匹配调整为 1∶2 最近邻匹配后，增值税税率下调仍可显著影响企业现金流量比率。

表 6 - 7   增值税税率下调与企业现金净流量比率（1∶2 最近邻匹配）

变量	（1） NCF	（2） NCF
Post	- 4. 9931 ** （- 2. 20）	- 4. 3926 * （- 1. 95）
SOE		- 0. 3939 （- 0. 09）
Top1		- 23. 4225 * （- 1. 67）
Lev		15. 6458 （1. 11）

续表

变量	(1) NCF	(2) NCF
EBITrt		16. 0463 *** (3. 18)
VATRate		− 0. 8939 (− 0. 13)
Size2		6. 8156 ** (2. 22)
TBQ		− 1. 103 (− 1. 38)
FArt		− 24. 7827 (− 1. 60)
Age		− 17. 0671 *** (− 3. 84)
TAT		7. 1855 (1. 39)
Growth2		2. 9947 (1. 12)
常数项	12. 8353 *** (8. 90)	− 102. 861 (− 1. 54)
公司固定效应	YES	YES
年份固定效应	YES	YES
N	3191	3178
Within R − sq	0. 0450	0. 0806

注：括号内为检验 t 值；*，**，*** 分别表示在 10%、5%、1% 水平上显著。

　　针对 1∶2 最近邻匹配后的样本，本部分同样进行了区分国有企业和非国有企业的分组回归，结果如表 6 − 8 所示。可以看到，分组回归结果与原 1∶4 最近邻匹配后的分组回归结果较为接近，这进一步说明了本章研究结果的稳健性。

表6-8　　　　　　　　分组回归结果（1:2最近邻匹配）

变量	（1）国有企业 NCF	（2）非国有企业 NCF
Post	-0.2241 (-0.06)	-5.5256** (-1.99)
Top1	-37.7894** (-2.06)	-17.917 (-0.86)
Lev	23.6246 (0.73)	19.2902 (1.22)
EBITrt	3.6982 (0.19)	17.7492*** (3.32)
VATRate	-15.5812 (-1.40)	6.7679 (0.71)
Size2	5.635 (1.02)	6.5489* (1.69)
TBQ	0.1485 (0.1)	-1.8667** (-1.97)
FArt	-33.8932 (-1.53)	-23.7787 (-1.21)
Age	-18.5769** (-2.21)	-15.5711*** (-2.86)
TAT	8.1156 (1.21)	8.9802 (1.25)
Growth2	-0.2586 (-0.04)	3.2416 (1.09)
常数项	-70.5442 (-0.55)	-100.685 (-1.20)
公司固定效应	YES	YES
年份固定效应	YES	YES
N	885	2293
Within R-sq	0.0588	0.0966

注：括号内为检验t值；*，**，***分别表示在10%、5%、1%水平上显著。

除采用 1:4 最近邻匹配的方法外，本章还将进一步采用了核匹配的方法进行稳健性检验，其回归结果进一步说明了基本回归结果的稳健性。

根据表 6-9 中的结果，在采用核匹配后，增值税税率下调仍旧显著改变了处理组企业的现金流量比率。

表 6-9 　　　增值税税率下调与企业现金净流量比率（核匹配）

变量	(1) NCF	(2) NCF
Post	-6.4172*** (-3.41)	-4.3206** (-2.37)
SOE		-0.072 (-0.04)
Top1		-22.2043*** (-3.07)
Lev		19.1024*** (2.77)
EBITrt		25.2138*** (6.49)
VATRate		4.4248 (1.09)
Size2		3.7193** (2.33)
TBQ		-1.2161** (-2.53)
FArt		-36.8908*** (-4.85)
Age		-13.6014*** (-5.59)

续表

变量	(1) NCF	(2) NCF
TAT		5.3846 ** (2.53)
Growth2		3.0927 ** (2.22)
常数项	7.8630 *** (13.44)	-43.7772 (-1.24)
公司固定效应	YES	YES
年份固定效应	YES	YES
N	9449	9412
Within R - sq	0.0254	0.0666

注：括号内为检验 t 值；**，*** 分别表示在 5%、1% 水平上显著。

表 6 - 10 汇报的是将样本进行核匹配后，区分国有企业与非国有企业的分组回归结果。可以看到，增值税税率下调显著改变了非国有企业的现金流量，对国有企业无显著影响。

表 6 - 10　　　　　　　　分组回归结果（核匹配）

变量	(1) 国有企业 NCF	(2) 非国有企业 NCF
Post	1.6119 (0.51)	-6.0858 *** (-2.74)
Top1	-28.9450 *** (-3.05)	-16.9077 (-1.47)
Lev	24.8574 ** (2.09)	17.2076 ** (2.06)
EBITrt	41.9027 *** (4.01)	21.1960 *** (4.97)

变量	(1) 国有企业 NCF	(2) 非国有企业 NCF
VATRate	3.9781 (0.70)	6.0042 (1.03)
Size2	2.3424 (0.97)	5.3872 ** (2.52)
TBQ	−1.3767 (−1.29)	−1.5606 *** (−2.85)
FArt	−31.6728 ** (−2.58)	−38.8728 *** (−3.98)
Age	−10.3196 * (−1.79)	−13.2911 *** (−4.53)
TAT	5.0002 (1.63)	7.3096 ** (2.39)
Growth2	2.1891 (0.85)	3.1643 * (1.88)
常数项	−20.7437 (−0.36)	−82.2260 * (−1.74)
公司固定效应	YES	YES
年份固定效应	YES	YES
N	3101	6311
Within R − sq	0.0542	0.0759

注：括号内为检验 t 值；*，**，*** 分别表示在 10%、5%、1% 水平上显著。

6.4.5 进一步分析

在增值税税率下调的政策下，不同类型企业的"现金流效应"可能不同，除主回归中所考察的国有企业与非国有企业外，本部分进一步分析了不同地区、不同规模企业的异质性。

（1）地区异质性分析。

由于我国东部、中部、西部地区的经济发展水平、技术水平、产业特征、企业管理水平不同，因而增值税税率下调的"现金流效应"亦可能不同。基于此，本部分按照样本企业所处地区的不同，进行了异质性分析，结果如表6－11所示。

表6－11　　　　　　　　　　所属地区异质性分析

变量	（1）东部地区 NCF	（2）中部地区 NCF	（3）西部地区 NCF
Post	－3.9010* （－1.70）	－1.675 （－0.36）	－8.2572 （－0.97）
SOE	4.4291 （1.04）	14.4932** （2.21）	10.113 （0.99）
Top1	－51.8386*** （－3.53）	－81.9501* （－1.73）	－41.526 （－1.38）
Lev	32.4213** （2.26）	26.7968 （0.87）	14.2474 （0.55）
EBITrt	26.3797*** （4.8）	34.6352** （2.07）	24.9755** （2.24）
VATRate	9.8984 （1.29）	0.2539 （0.02）	16.3222 （1.18）
Size2	9.8866*** （2.99）	－4.8005 （－0.83）	3.7265 （0.49）
TBQ	－1.4333* （－1.91）	1.24 （0.91）	－3.8963 （－1.62）
FArt	－10.9406 （－0.72）	－27.6246 （－0.96）	－18.5349 （－0.56）
Age	－17.2312*** （－4.17）	0.5109 （0.05）	－13.9006 （－1.26）

变量	（1）东部地区 NCF	（2）中部地区 NCF	（3）西部地区 NCF
TAT	9.9300* (1.95)	−8.1829 (−1.22)	49.1565*** (3.32)
Growth2	2.9853 (1.14)	10.5662** (2.19)	−0.9278 (−0.18)
常数项	−1.7e+02** (−2.43)	118.357 (0.95)	−49.9784 (−0.29)
公司固定效应	YES	YES	YES
年份固定效应	YES	YES	YES
N	3293	608	473
Within R^2	0.0970	0.0753	0.1317

注：括号内为检验 t 值；*，**，*** 分别表示在 10%、5%、1% 水平上显著。

表 6－11 中列（1）汇报的是东部地区样本的回归结果，核心解释变量 Post 的估计系数在 10% 的水平上显著为负，说明增值税税率下调显著改变了东部地区企业现金净流量比率。表 6－11 的列（2）、列（3）分别为中、西部地区样本的回归结果，核心解释变量 Post 的估计系数均不显著。地区异质性分析的结果表明，增值税税率下调的"现金流效应"存在地区性差异，东部地区具有较高的经济发展水平，企业具有更强的竞争力以及更高的管理水平，能够更好地把握和利用税收政策，因而在市场交易和市场竞争中占据优势地位，更多地分享增值税减税收益，也能获得更多的现金流入。

（2）企业规模异质性分析。

为了进一步检验不同成本水平企业在增值税税率下调下"现金流效应"的异质性，本部分按照企业规模的中位数，将样本区分为规模较小和规模较大企业两组样本，利用式（6－1）分别对两组样本进行回归分析，结果如表 6－12 所示。在规模较小企业样本组中，核心解释变量 Post 的系数估计值的绝对值较大，并在 5% 的水平上显著；而在规模较大企业样本组中，核心解释变量 Post 的系数估计值的绝对值较小，且不显著。这说明增值税税率下调的"现金流效应"在规模较小企业中更加显著。规模较小企业通常面临着更加严峻的融资约束问题，同时在市场竞争处于弱势地位，因而可支配现金流更小。当增值税税率下调带来减税收益以及垫支进项税额的降低时，现金流的增加也更加明显。

表 6 - 12　　　　　　　　　　　企业异质性分析

变量	（1）规模较小企业 NCF	（2）规模较大企业 NCF
Post	- 7. 2455 ** （- 2. 29）	- 2. 1743 （- 0. 82）
SOE	1. 1253 （0. 13）	8. 5256 *** （3. 13）
Top1	- 54. 7464 ** （- 2. 27）	- 51. 1079 *** （- 2. 99）
Lev	36. 5344 ** （2. 25）	21. 2367 （0. 99）
EBITrt	31. 3482 *** （4. 5）	23. 6854 *** （3. 26）
VATRate	6. 9425 （0. 88）	21. 0609 （1. 17）
Size2	7. 6846 （1. 47）	12. 0974 *** （2. 83）
TBQ	- 1. 8383 ** （- 2. 13）	2. 6130 ** （2. 01）
FArt	- 4. 324 （- 0. 27）	- 13. 5869 （- 0. 63）

变量	（1）规模较小企业 NCF	（2）规模较大企业 NCF
Age	−23.9148*** （−4.92）	−3.7087 （−0.59）
TAT	14.0669** （2.12）	7.2465 （1.45）
Growth2	−0.1629 （−0.05）	7.4023** （2.30）
常数项	−112.094 （−1.01）	−266.237*** （−2.71）
公司固定效应	YES	YES
年份固定效应	YES	YES
N	2186	2188
Within R^2	0.1013	0.1066

注：括号内为检验 t 值；**，***分别表示在 5%、1%水平上显著。

6.5 本章小结

本章聚焦于企业现金流量表中的核心指标现金净流量，就增值税税率下调对企业现金流的影响进行了理论分析和实证检验，并进一步考察了不同地区、不同规模企业的异质性。

具体来说，本章得到以下结论：增值税税率下调政策显著提高了受影响企业的现金净流量比率；与国有企业相比，增值税税率下调的"现金流效应"在非国有企业中更显著。

为保证研究结果的稳健性，本章还进行了共同趋势检验以验证处理组与控制组在政策执行之前是否具有共同趋势；进行了安慰剂检验以排除其他混杂因素的影响；调整倾向得分匹配方法以重新筛选样本。多项检验结果均符合预期，证实了本章研究结果的稳健性。

此外，本章的进一步分析结果显示：增值税税率下调的"现金流效应"存在地区性差异，东部地区企业的竞争力、管理能力、财务水平较高，能够更好地把握和利用税收政策，获得了更多的现金流入；规模较小的企业在市场竞争中处于弱势地位，面临着更加严峻的融资约束问题，当增值税税率调整带来减税收益时，垫支的进项税额得以减少，承担的增值税税负得以降低，因而增值税税率下调的"现金流效应"更加显著。

第 7 章 增值税减税与企业资本结构的实证分析

"去杠杆"是我国经济宏观调控的重要目标之一,供给侧结构性改革的关键任务之一。而减税降费是推动企业"去杠杆",降低企业经营成本和财务风险的重要举措。本章基于微观企业视角,以 2018 年增值税税率下调作为准自然试验,以 2016 ~ 2019 年 A 股上市公司作为研究样本,利用双重差分模型检验了增值税税率下调对企业资本结构及"去杠杆"的影响。研究结果表明,增值税税率下调显著降低了处理组企业的杠杆率和短期负债率,但对长期负债率无显著影响。进一步研究发现,在增值税税率下调的政策下,国有企业比非国有企业的"去杠杆"效应更加显著;高杠杆水平企业比低杠杆水平企业的"去杠杆"效应更加显著;中小型企业比大型企业的"去杠杆"效应更加显著;东部地区企业比中西部地区企业的"去杠杆"效应更加显著,西部地区不但杠杆率无显著变化,而且短期负债率有所上升,长期负债率有所下降,财务风险和融资约束问题进一步加剧。本章的研究结论整体上证实了降低增值税税率在帮助企业"去杠杆"和优化资本结构中发挥的积极作用,对国家进一步完善增值税制度、实施减税政策和防范金融风险具有一定的借鉴意义。

7.1 引　　言

2007 ~ 2009 年世界金融危机期间,中国政府实行了 4 万亿元的

122

经济刺激计划，稳发展的同时也带来了债务总量的迅猛增长。2008～2015 年债务总量增长近 3 倍（魏鹏，2016）。到 2015 年末全社会债务总额达到 168.48 万亿元，总杠杆率达到 249%。到 2020 年末全社会总杠杆率达到 270%。按照政府、居民、企业和金融四部门分别测算，负债比例最高的为非金融企业部门（李丰团，2018）。以 2015 年为例，根据中国社科院公布的国家资产负债表，在 249% 的全社会总杠杆率中，政府部门、居民部门、非金融企业和金融部门的杠杆率分别为 56.5%、39.9%、156% 和 21%[①]。因而非金融企业部门"去杠杆"成为供给侧结构性改革中"去杠杆"的关键。

企业利用负债融资可以提升净资产收益率（Meyer，1998）和市场价值，并拉动宏观经济增长，但杠杆率的提高亦会带来企业生产经营能力的下降（Phillips and Sertsios，2013；Kini et al.，2017），生产率的降低（Nucci et al.，2005）和财务风险的加大（陆岷封和葛和平，2016），成为阻碍经济平稳较快发展的重要因素（Veld，2014；杨楠和谭小芬，2016）。例如，努奇等（Nucci et al.，2005）发现企业的财务杠杆与生产率之间显著负相关，并且企业的短期负债占比和流动性越低，这种负向关系越强。

在经济下行时期，企业经营风险本就增加，再加之较高的财务风险，则会使企业面临极高的总风险。历史经验表明高杠杆率往往会导致金融危机和经济衰退（Allen，1996；Veld，2014；陆婷，2015；Schularick and Taylor，2012）。

理论上非金融企业"去杠杆"途径包括通货膨胀"去杠杆"、家庭加杠杆、政府加杠杆、提高企业盈利能力"去杠杆"、限制借款、债务重组、债转股和财政补贴等。此外，税收政策在降低企业负担，增强企业创新能力和盈利能力，进而促进企业"去杠杆"方面有积极的促进和引导作用，是影响企业资本结构的重要因素。

---

① 社会总杠杆率的测算方法为社会债务总额与当年 GDP 的比值，各部门杠杆率同样为各部门的债务总额与当年 GDP 的比值，社会总杠杆率为各部门杠杆率之和。

对中国政府来说，要实现"去杠杆"等供给侧结构性改革的目标，财税手段显然是不可或缺的政策工具（冯海波，2017）。自 2015年以来，中国政府推进多项减税降费政策，包括全面"营改增"，研发费用加计扣除，降低社保缴费比例，下调增值税税率，提高一般纳税人划分标准，增值税加计抵减和留抵退税，扩大享受减半征收企业所得税的小微企业范围以及个人所得税改革等，以助力供给侧结构性改革，用税收的"减法"换取企业效益的"加法"和市场活力的"乘法"，促进经济转型和高质量发展。

政府减税可以降低企业的融资成本（Moll，2014）和经营成本，促进企业创新（李嘉明和乔天宝，2010；杨春梅，2011），提升其盈利能力，进而降低企业杠杆率。吉沃利等（Givoly et al.，1992）通过对美国 1986 年税制改革的研究发现，实际税率的下降降低了企业财务杠杆率。格雷厄姆（Graham，1996）也同样发现高税负企业通常比低税负企业拥有更高的债务水平。在企业成本上升，经济增速放缓的经济转型时期，企业税负会比经济繁荣时期更加地受到社会各界关注（李建军和张书瑶，2018），而同时税收政策改革的经济效应则更加显著和关键。

现有文献多是从企业所得税（Wu and Yue，2009；Auerbach，1989；Givoly et al.，1992；Scholes et al.，1990；Devereux et al.，2018）、个人所得税（Faccio and Xu，2015；Velez – Pareja，2017；Fossen and Simmler，2016）以及"营改增"（申广军等，2018；Shen et al.，2018）角度分析税负对企业杠杆率的影响，对增值税税率下调的"去杠杆"效应却较少关注。

增值税不同于所得税、营业税等税种，后者对企业的影响更加直接和明显，税负变动直接会影响到企业经营行为、经营成本、经营业绩以及杠杆率，而增值税为价外税、流转税，具有税收中性的特点，其税负具有转嫁性，并不直接影响企业的收入和成本。根据中国的增值税核算制度，当企业购进商品、服务时，须支付增值税，计入进项税额；而当其出售产品时会从购买方收取增值税，计入销项税额；销项税额超过进项税额的部分上交国家，增值税税负由此转嫁到购买方，最终由消费者承担。增值税进项税额、销项税额、应纳税额均不进入企业的利润核算系统，除了以"应交增值税"为基数计算的城建税和教育费附加外，增值税税率下调不会对企业的费用和利润产生其他影响，因而在"去杠杆"方面似乎也难以发挥有效作用。但实际上，并非所有的企业在各种市场交易中都能实现完美的税负转嫁。在税负不能完全转嫁，发生视同销售行为，考虑垫支的增值税进项税额以及最终消费者的消费需求等情形下，增值税便不再是完全中性，更有可能影响企业的经营绩效、产品需求和现金流量，最终影响企业负债融资情况。

我国于 2018 年、2019 年两次下调增值税税率，这为我们研究增值税税率下调的对企业资本结构的影响提供了良好契机。

本章利用 2018 年增值税税率简并与下调的政策变化，基于我国上市公司 2016～2019 年的财务数据，构建双重差分模型（DID）分析并检验了增值税减税政策的"去杠杆"效应。研究发现，增值税税率下调显著降低了处理组企业的总杠杆率和短期负债率，对长期负债率的影响则不显著。为了保证研究结果的稳健性，本章还进行了多项稳健性检验，包括倾向得分匹配—双重差分模型（PSM - DID）、替换被解释变量以及两类安慰剂检验等，检验结果支持了文章研究结论。接下来，还进行了"去杠杆"效应的异质性分析，以探究税率下调对不同企业影响的区别。

本章可能的创新之处在于：（1）与以往研究主要关注所得税、营业税和"营改增"对企业资本结构的影响不同，本章关注了增值税税率对企业资本结构的影响，拓展了企业资本结构影响因素的相关研究。（2）本章分析了增值税税率下调对企业资本结构的作用机制，提出增值税税率下调通过现金流效应、盈余效应和流通效应影响企业资本结构，在理论上搭建了增值税与企业资本结构之间的桥梁，填补了现有文献的空白。(3)构建 DID 模型，利用中国上市公司财务数据，对增值税降税率的"去杠杆"效应进行实证检验，证实增值税影响企业资本结构的假设。(4)本章探讨了增值税税率下调的"去杠杆"效应在企业所有制性质、负债水平、规模和地区等方面的异质性，为政府针对不同企业出台差异性的"去杠杆"措施提供了参考。

7.2 理论分析与研究假设

从名义上来说，增值税为流转税、价外税。当企业购进设备、原材料时，除支付购买价款外，还须支付增值税，计入进项税额；而当其出售产品取得销售收入时会同时从购买方收取增值税，计入己方销项税额；二者相抵差额上交国家，增值税税负由此转嫁到购买方。应纳税额并不进入企业的利润核算系统，不影响企业的收入、费用和利润。但实际上，并非所有的企业在各种市场交易中都能实现完美的税负转嫁。在税负不能完全转嫁，发生视同销售行为以及考虑支付进项税额的融资成本，考虑城建税与教育费附加等情形下，增值税税负对企业来说便不再是完全中性。而增值税减税政策可以通过增加"现金流效应""盈余效应"等影响企业杠杆率。接下来，本部分分别展开论述。

首先，增值税税率下调通过"现金流效应"影响企业杠杆率。当增值税税率简并与下调以后，企业购买商品、接受劳务和服务支付的现金会减少，这会减少经营过程中的资金占用，降低企业负债融资额。企业在经营过程中需要购进固定资产、原材料、电力、能源等货物以及交通运输、建筑等各项服务，支付的购买价款为包括商品、服务售价和增值税进项税额在内的含税价格。企业购进的商品、服务用于生产经营，并产生增值，增值税进项税额则为垫支状态。待企业出售产品并取得收入时，同时从购买方收取增值税销项税额，至此，企业的垫支的增值税得以收回。增值税下调会降低企业垫支的增值税进项税额，增加企业可支配的现金（牟信勇，2020），减少企业融资额度，降低企业杠杆率。假设某企业需购进生产用原材料的不含税价格为 p，在增值税税率由 17% 下降为 13% 后，如果含税购买价格由 1.17p 降至 1.13p，则该货物购买环节的现金支出减少 3.54%（$1 - 1.13p/1.17p$），支付的增值税进项税额减少 23.53%（$1 - 1.13p/1.17p$）。

其次，增值税税率下调通过"盈余效应"而影响企业杠杆率。除"现金流效应"外，增值税税率还可能通过影响企业产品销量、销售收入以及成本费用而影响企业利润，进而影响企业的所有者权益数额和股权比率，并最终影响杠杆率，可称之为"盈余效应"。虽然增值税属于价外税，名义上由最终消费者承担，但是增值税税负仍然可能通过三种途径影响企业盈利。

第一，增值税税率下调可能通过改变商品价格而产生"盈余效应"。虽然名义上增值税税负通过价格机制向下游客户转嫁，最终由消费者承担（Baum，1991；Gentry and Ladd，1994），税率下调更可能影响含税价格而非不含税价格。但事实上并非所有企业在所有情形下都能将增值税税负完全的转嫁给最终消费者（刘行和叶康涛，2018），税负的归属取决于供给方与需求方的市场地位和相对价格弹性（汤泽涛和汤玉刚，2020），弹性更大的一方通常承担较少的税负（万莹和陈恒，2020）。当购买方具有较高的价格弹性时，销售方便可能通过降低不含税价格来承担部分或者全部增值税税负，此时，税率下调便可能影响商品的不含税价格。对于大多数商品来说，含税价格的下降有利于刺激消费，提升产品需求和销量（杜爽，2020；龚辉文，2020），而商品需求和销量的上升可降低企业的产品生产成本，提升企业绩效。不含税价格的变动则可能通过改变商品的销售毛利率而影响企业绩效。

第二，增值税税率下调还可能通过影响企业的销售费用、管理费用等期间费用支出而产生"盈余效应"。除购买方具有较高的需求价格弹性外,增值税税负不能完美转嫁的情形还包括"进项税额不得抵扣"以及发生"视同销售"行为等情形。当企业购进货物、服务等用于简易计税项目、免征增值税项目、集体福利以及个人消费时,相应的增值税进项税额不得抵扣,而根据其用途计入营业成本、管理费用、销售费用等,由企业承担。增值税税率下调,减少了此类货物、服务的进项税额,因而降低了企业的管理费用、销售费用支出。同样,当企业将自产或者委托加工的货物用于集体福利或者个人消费,因促销等原因将自产、委托加工或者购进的货物、服务赠送给其他单位或者个人时,属于增值税视同销售行为,但不能收取相应的销项税额,此时需要缴纳增值税亦需由企业承担(刘行和叶康涛,2018),并根据具体行为性质将其计入营业成本、管理费用、销售费用等。增值税税率下调,减少了此类货物、服务视同销售的销项税额,因而降低了企业的管理费用、销售费用支出。

第三,企业缴纳的"税金及附加"同样受到增值税税率的影响。一方面,由于城建税和教育费附加是以企业缴纳的增值税、消费税为税基计算而得;另一方面,无论增值税税负在供需双方如何分配,企业缴纳的增值税均是以其销售额和相应税率计算而得,因而增值税税率的下调必然带来税金及附加的下降和盈余的增加。

最后,增值税税率下调通过"流通效应"影响企业杠杆率。增值税税率下调还可通过影响商品需求和销量影响企业商品流动速度和资金回收速度,进而影响企业负债融资规模,可称为"流通效应"。增值税税率下调后,可能使得企业产品的含税价格下降,这对购买方来说,不仅降低了其购买支出,而且会缓解其资金约束,减少负债融资,增强其购买能力(裴淑红和王燕梅,2018)。同时,资金实力有限的潜在客户可能成为真正的购买方。企业产品流通加快,营业周期得以缩短。因此,增值税减税会提升产品销量(杜爽,2020),加速产品流通,提高企业资金回收速度,降低负债融资规模、期限和成本。

基于以上分析，本章提出假设 5。

假设 5：增值税税率下调可以促进企业"去杠杆"。

企业负债融资来源包括短期负债和长期负债。相对于长期负债，短期负债通常具有较高的财务风险。因此，当增值税税率下调使得企业的现金支出减少，盈余增加时，企业更可能首先考虑减少短期负债，以降低财务风险。理想的负债融资结构应该是以长期负债为主，因此增值税税率下调对长期负债可能存在两种情形。一是"现金流效应""盈余效应"使得企业得以降低负债规模，长期负债率同时降低；二是企业融资约束得到缓解后，可能优化负债融资结构，减少短期负债比率，增加长期负债比率。

基于以上分析，本章提出假设 6。

假设 6：增值税税率下调可以降低企业短期负债率，对长期负债率的影响不确定。

7.3　研 究 设 计

7.3.1　模型构建

本章拟采用双重差分模型（DID）对增值税税率下调的"去杠杆"效应进行实证检验。将增值税税率下调看作一项政策试验，参照已有文献（谷成和王巍，2021；李颖和张莉，2021；等等）的普遍做法，以 2018 年和 2019 年税率下调的制造业、交通运输等行业为处理组，以税率未下调的行业为控制组，并借鉴申广军（2018）、格鲁伯和波特巴（Gruber and Poterba，1994）的研究，建立双重差分模型如下：

$$\text{LEV}_{it} = \beta_0 + \beta_1 \text{Post}_{it} + \beta_2 X_{it} + \gamma_i + \lambda_t + \varepsilon_{it} \qquad (7-1)$$

其中，LEV 为被解释变量，表示企业杠杆率，以资产负债率衡量。Post 为核心解释变量，是分类虚拟变量 treat 与时间虚拟变量 t 的交互项，表示政策处理效应，用来测度增值税税率下调对企业杠杆率的影响。X 是包括企业规模 Size、息税前利润率 EBITrt、上市时间 Age、固定资产比率 FArt、股权集中度 Top1、成长性 Growth 等在内的一组控制变量，γ_i 为企业固定效应，λ_t 为年份固定效应。

7.3.2 研究变量及测度

（1）被解释变量。

企业杠杆率（LEV）：参考李建军和张书瑶（2018）的做法，以资产负债率衡量，即公司年末总负债与总资产的比值。为了更加清晰地了解企业负债结构的变化，本部分同时对短期负债率（LEV_S）和长期负债率（LEV_L）进行了实证检验。

（2）解释变量。

①处理变量（treat）：2018 年增值税税率下调的制造业、交通运输、建筑等行业企业为 1；生活服务业、现代服务业等税率未下调行业企业为 0。

②时间变量（t）：增值税税率下调以前的 2016 年、2017 年为 0；增值税税率下调以后的 2018 年、2019 年为 1。

③政策处理效应（Post）：处理变量（treat）与时间变量（t）的交互项，处理组企业在 2018 年、2019 年为 1，其他情形均为 0。

（3）控制变量。

参考申广军等（2016）、李建军和张书瑶（2018）的研究，本章选取企业规模（Size）、上市时间（Age）、成长性（Growth）、增值税有效税率（VATRate）、股权集中度（Top1）、总资产周转率（TAT）、托宾 Q 值（TBQ）等作为控制变量。其中，增值税有效税率（VATRate）的计算参考申广军（2016）的做法，以企业缴纳的增值税与营业收入的比值来衡量，而企业缴纳的增值税则参考谷成和王巍（2021）、曹越和李晶（2016）等文献的做法，以城建税、教育费附加和地方教育附加及其相应税率（附加率）推算而得。

本章变量定义如表 7 – 1 所示。

表 7 – 1　　　　　　　　　　　　　变量定义

变量符号	变量名称	变量描述
LEV	资产负债率	负债总额/资产总额
LEV_S	短期负债率	流动负债/资产总额
LEV_L	长期负债率	非流动负债/资产总额
treat	处理变量	生活服务业、现代服务业的企业为 0，享受增值税税率下调政策的企业为 1
t	时间变量	2018 年及之后年份取 1，2018 年之前取 0
Post	年份和政策交乘项	表示增值税税率下调的净效应
VATRate	增值税有效税率	实际缴纳增值税税款/营业收入
TBQ	托宾 Q 值	（股权市场价值＋债权账面价值）/总资产
Growth	成长性	（当年营业收入－上年营业收入）/上一年营业收入
Top1	股权集中度	第一大股东的持股比例
Age	企业上市时间	会计年度与上市年度差值加 1 后的对数
Size	企业规模	总资产加 1 后的对数
EBITrt	息税前利润率	息税前利润/营业收入
FArt	固定资产比率	固定资产/总资产
TAT	总资产周转率	营业收入/总资产

7.3.3　样本选择与数据来源

本章以我国 A 股上市公司在 2016～2019 年 4 年间的财务数据为样本，并依据以下标准进行了筛选：（1）剔除金融业、保险业上市公司；（2）剔除 ST、*ST 及 PT 公司；（3）剔除关键财务数据缺失、异常的公司；（4）剔除 2016 年及以后上市的公司；（5）剔除行业分类为综合的公司，以减少复合税率对本章中行业分组的影响。经过筛选，最终得到 2645 家公司 4 年研究期间的 10580 个研究样本观测值。样本公司的财务数据来自 Wind 和 CSMAR 数据库。

7.4　实证结果分析

7.4.1　描述性统计

在回归之前，本部分首先对主要变量进行了描述性统计，结果如表 7 - 2 所示。可以看到，解释变量企业杠杆率（LEV）在样本期间内的平均值为 0.421，即样本企业的资产负债率平均为 42.1%。企业杠杆率（LEV）的最大值和最小值分别为 1.397 和 0.008，这说明样本企业中资产负债率最高的达到 139.7%，最低的仅为 0.8%，不同企业的资产负债率差距较大。短期负债率（LEV_S）的平均值为 0.336，而长期负债率（LEV_L）的平均值仅为 0.085，表明我国上市公司的负债融资来源中以短期负债为主。

表 7 - 2　　　　　　　　　　描述性统计结果

变量	样本数	平均值	标准差	最小值	最大值
LEV	10580	0.421	0.02	0.008	1.397
LEV_S	10580	0.336	0.167	0.044	0.781
LEV_L	10580	0.085	0.085	-0.093	0.782
Post	10580	0.441	0.497	0	1
VATRate	9909	0.155	0.453	0.000	3.534
EBITrt	10580	0.104	0.396	-13.920	15.023

续表

变量	样本数	平均值	标准差	最小值	最大值
Size	10580	22.406	1.334	18.287	28.636
TBQ	10580	2.422	2.035	0.673	45.411
FArt	10580	0.205	0.161	0	0.954
Age	10580	2.272	0.765	0	3.401
TAT	10580	0.642	0.543	0.006	11.976
Growth	10580	0.166	0.335	-0.522	1.826
Top1	10580	0.335	0.147	0.03	0.891

资料来源：笔者根据 Wind 数据库、CSMAR 数据库相关资料计算整理所得。

7.4.2 基本回归结果

表 7-3 列示了利用式（7-1）检验增值税税率下调对企业杠杆率的影响的双重差分估计值。其中表 7-3 中列（1）未加入控制变量，只控制了公司固定效应和年度固定效应，列（2）则在列（1）基础上加入了企业规模、息税前利润率、成长性等控制变量。可以看到，列（1）中政策处理变量 Post 的系数在 1% 的水平上显著为负，列（2）中政策处理变量 Post 的系数在 5% 的水平上显著为负，说明增值税减税政策显著地降低了处理组企业的杠杆率。假设 5 得到验证。

表 7-3 　　　　　　增值税税率下调与企业杠杆率回归结果

变量	（1）LEV	（2）LEV
Post	-0.0178 *** (-2.95)	-0.0121 ** (-2.04)
VATRate		-0.0162 (-1.31)

续表

变量	（1）LEV	（2）LEV
EBITrt		−0.0313 *** （−3.06）
Size		0.0976 *** （12.37）
TBQ		−0.0013 （−1.13）
FArt		0.1522 *** （5.16）
Age		0.0589 *** （8.01）
TAT		0.0031 （0.40）
Growth		0.0015 （0.34）
Top1		0.0629 （1.35）
常数项		−1.9288 *** （−11.08）
控制变量	NO	YES
公司固定效应	YES	YES
年份固定效应	YES	YES
观测值	10580	9909
Within R^2	0.0443	0.2134

注：括号内为检验 t 值；**，***分别表示在 5%、1% 水平上显著。

在其他控制变量中，息税前利润率（EBITrt）、企业规模（Size）、固定资产比率（FArt）、上市时间（Age）等对企业的杠杆率有显著影响。其中，息税前利润率（EBITrt）的估计系数在 1% 的水平上显著为负，说明企业的盈利能力越强，资产负债率越低。息税前利润率高的企业通常较少面临融资约束，可以以较为理想的资本结构进行生产经营活动，在进行项目投资时，也不会因资金的缺乏而过度举债。同时，较强的盈利能力决定其较强的偿债能力，过度负债的情形相对较少。企业规模（Size）的估计系数在1%的水平上显著为正，说明企业规模越大，资产负债率越高。较大规模的企业通常具有较高的市场地位、良好的银企关系、较强的资金实力与偿债能力，能够以更低的成本取得借款，因而有更高的资产负债率。固定资产比率（FArt）的估计系数在1%的水平上显著为正，说明企业固定资产比率越高，资产负债率越高，其原因在于固定资产的价值较为稳定，拥有更多固定资产的企业通常拥有更为稳定的偿债能力，同时固定资产的可抵押性较强，能够获得更多的担保贷款。

表7－4给出了利用式（7－1）检验增值税税率下调对企业短期负债率和长期负债率影响的双重差分估计值。可以看到，以短期负债率为被解释变量的回归结果中，Post的系数值在10%水平上显著为负，而在以长期负债率为被解释变量的回归结果中，Post的系数估计值为负，但并不显著。这说明，增值税税率下调的"去杠杆"效应主要集中于降低短期负债率。在获得增值税税率下调带来的现金流效应和盈余效应时，企业首先用于减少财务风险更高的流动负债，负债结构得到一定的优化。

表7－4　　　　　　增值税税率下调与企业负债结构回归结果

变量	（1）LEV_S	（2）LEV_L
Post	− 0. 0098 * （− 1. 93）	− 0. 0020 （− 0. 60）
VATRate	− 0. 0123 （− 1. 09）	− 0. 0043 （− 0. 79）
EBIT	− 0. 0202 ** （− 2. 54）	− 0. 0097 *** （− 2. 72）

变量	（1）LEV_S	（2）LEV_L
Size	0.0484 *** （6.84）	0.0483 *** （9.63）
TBQ	− 0.0004 （− 0.41）	− 0.0010 （− 1.33）
FArt	0.0714 ** （2.40）	0.0762 *** （2.63）
Age	0.0469 *** （7.47）	0.0111 ** （2.47）
TAT	0.0353 *** （3.21）	− 0.0312 *** （− 4.06）
Growth	− 0.0014 （− 0.37）	0.0025 （0.97）
Top1	0.0518 （1.42）	0.0057 （0.24）
常数项	− 0.8991 *** （− 5.72）	− 1.0092 *** （− 9.17）
控制变量	YES	YES
公司固定效应	YES	YES
年份固定效应	YES	YES
观测值	9909	9909
Within R^2	0.1103	0.0905

注：括号内为检验 t 值；*，**，*** 分别表示在10%、5%、1%水平上显著。

7.4.3　稳健性检验

前述基本回归结果显示，增值税税率下调显著降低了处理组企业的资产负债率和短期负债率，对长期负债率的影响不显著。为了验证基本回归结果是否稳健，本章进行了包括共同趋势检验、倾向得分匹配以及安慰剂等在内的多项稳健性检验。

（1）共同趋势检验。

双重差分模型的应用要求处理组与控制组企业在政策执行之前需满足共同趋势假设。基于此，本部分借鉴王（Wang，2013）、何靖（2016）、阿莫尔等（Amore et al.，2013）的研究，在主回归方程中引入一系列时间虚拟变量 Dyear 与 treated 的交乘项，构建模型式（7－2）进行共同趋势检验。

$$\text{LEV}_{it} = \alpha_0 + \sum_{t=2017}^{2019} \varphi_t \, treat_i \times D_t + \beta_4 X_{it} + \gamma_i + \lambda_t + \varepsilon_{it}$$

$$(7-2)$$

由于 2016 年为基准年份，故式（7－2）中的交乘项未包括 2016 年。若增值税税率下调前年份的交乘项与 0 无差异，且下调以后年份的交乘项显著不等于 0，则表明共同趋势成立。表 7－5 的列（1）为以企业杠杆率为被解释变量的共同趋势检验结果，可以看到政策实施前一年的 φ_{2017} 的估计值为正，在政策实施当年的 φ_{2018} 的估计值为负，二者均不显著，而在政策实施后的 φ_{2019} 的估计值的绝对值明显增大，且在 5% 的水平上显著为负，这说明在政策实施前处理组的"去杠杆"情况与控制组并无显著差异，共同趋势假设成立。

表 7－5　　　　　　　　　　　　共同趋势检验结果

变量	（1）LEV	（2）LEV_S	（3）LEV_L
before1 （2017）	0.0096 （1.64）	0.0087 （1.53）	0.0008 （0.21）
Current （2018）	－0.0019 （－0.33）	0.0007 （0.00）	－0.0018 （－0.44）
after1 （2019）	－0.0121** （－2.07）	－0.0105* （－1.85）	－0.0013 （－0.32）
常数项	－1.9297*** （－24.71）	－0.9001*** （－12.04）	－1.0091*** （－18.40）
控制变量	YES	YES	YES

变量	（1）LEV	（2）LEV_S	（3）LEV_L
公司固定效应	YES	YES	YES
年度固定效应	YES	YES	YES
观测值	9909	9909	9909
Within R^2	0.2141	0.1111	0.0905

注：括号内为检验 t 值；*，**，*** 分别表示在 10%、5%、1% 水平上显著。

表 7 - 5 的列（2）汇报了以企业短期负债率为被解释变量的共同趋势检验结果。在政策实施前的 2017 年，Dyear 与 treated 的交乘项的估计系数为正，但不显著；在政策实施的当年（2018 年），Dyear 与 treated 的交乘项的估计系数仍然为正，且仍不显著；在政策实施以后的 2019 年，Dyear 与 treated 的交乘项的估计系数在 10% 的水平上显著为负。这说明，在政策实施之前，处理组与控制组的短期负债率满足共同趋势假设。

表 7 - 5 的列（3）汇报了以企业长期负债率为被解释变量的共同趋势检验结果。可以看到，在政策实施之前、政策实施的当年以及政策实施之后，Dyear 与 treated 的交乘项的估计系数均较小，且均不显著，说明增值税税率并未改变处理组企业长期负债率的变化趋势，这与基本回归结果一致。

（2）倾向得分匹配。

由于以制造业、交通运输等行业为主的处理组和以生活服务业、现代服务业为主的控制组具有不同的生产经营模式，资产负债率等财务指标变化情况可能存在系统性差异。因此，本章采用了多种倾向得分匹配的方法为每个处理组样本选择与其接近的控制组样本。具体来说，本章分别采用了 1∶1 最近邻匹配、1∶2 最近邻匹配以及核匹配的方法。以匹配后的公司为样本，仍采用式（7-1）进行实证检验。表 7-6 报告了倾向得分匹配后的回归结果，可以发现增值税税率下调能够显著降低处理组企业的杠杆率和短期负债率，而对长期负债率

表 7 - 6

倾向得分匹配后回归结果

变量	核匹配			最近邻匹配（1∶1）			最近邻匹配（1∶2）		
	(1) LEV	(2) LEV_S	(3) LEV_L	(4) LEV	(5) LEV_S	(6) LEV_L	(7) LEV	(8) LEV_S	(9) LEV_L
Post	-0.0118* (-1.9032)	-0.0098* (-1.8148)	-0.0018 (-0.5000)	-0.0168** (-2.1818)	-0.0105* (-1.803)	-0.0059 (-1.2826)	-0.0095* (-1.8269)	-0.0067 (-1.3958)	-0.0024 (-0.6667)
常数项	-1.9056*** (-10.5166)	-0.8614*** (-5.2589)	-1.0336*** (-9.1066)	-0.6664*** (-3.1870)	-0.2838 (-1.4945)	-0.3950*** (-3.1399)	-1.5863*** (-12.5697)	-0.6774*** (-5.7407)	-0.8993*** (-10.1846)
控制变量	YES	YES	YES	YES	YES	YES	YES	YES	YES
公司固定效应	YES	YES	YES	YES	YES	YES	YES	YES	YES
年份固定效应	YES	YES	YES	YES	YES	YES	YES	YES	YES
观测值	9004	9004	9004	1664	1664	1664	3220	3220	3220
Within R²	0.2107	0.1076	0.0921	0.1495	0.1148	0.0504	0.2429	0.1459	0.0964

注：括号内为检验 t 值；*，**，*** 分别表示在10%、5%、1%水平上显著。

的影响依然不显著。这说明考虑样本行业的系统性差异后，本章的相关研究结论依然成立。

（3）安慰剂检验。

为了进一步检验处理组的资本结构变化确实是受到增值税减税政策的影响，而非其他混杂因素的作用，本章进行了虚构政策实施时间和虚构处理组两项安慰剂检验。

安慰剂检验一：假设政策实施时间为 2017 年。

参考吕越等（2019）、托帕洛娃（Topalova，2010）等的做法，本部分通过虚构政策实施时间（将政策时间前置于 2017 年）进行安慰剂检验。在虚构的政策实施时间下，核心解释变量的估计系数应当不显著。如果核心解释变量的估计系数显著，则说明处理组资本结构的变化可能受到其他混杂因素的影响，而不仅仅是增值税减税政策因素。表 7 - 7 的列（1）至列（3）分别汇报了以企业杠杆率、短期负债率、长期负债率为被解释变量的估计结果，可以看到核心解释变量的 Post 估计系数绝对值接近于 0 且并不显著。

表 7 - 7　　　　　　　　　安慰剂检验结果

变量	（1）LEV	（2）LEV_S	（3）LEV_L
Post	- 0.0014 （- 0.21）	- 0.0005 （- 0.10）	- 0.0007 （- 0.22）
常数项	- 1.9233 *** （- 11.04）	- 0.8946 *** （- 5.69）	- 1.0084 *** （- 9.16）
控制变量	YES	YES	YES
公司固定效应	YES	YES	YES
年份固定效应	YES	YES	YES
观测值	9909	9909	9909
Within R^2	0.2125	0.1096	0.0904

注：括号内为检验 t 值；*** 表示在 1% 水平上显著。

安慰剂检验二：随机生成处理组。

参考蔡等（Cai et al.，2016）的做法，本章还进行了随机生成处理组的安慰剂检验，即从样本中随机选取企业作为处理组，仍旧采用式（7－1）进行回归，并将此过程重复 1000 次。由于该检验中的处理组是随机生成的，因此核心解释变量 Post 系数的回归结果应当接近于 0。图 7－1 至图 7－3 分别汇报了以杠杆率、短期负债率和长期负债率为被解释变量的检验结果，可以看到回归系数的均值接近于0，且绝大部分不显著，这与预期相符。通过两类安慰剂检验，可以排除其他混杂因素对企业"去杠杆"的影响。

（4）替换被解释变量。

考虑到无形资产的价值难以准确确定，包含无形资产在内的资产负债率可能并不能反映一家企业的真实资产负债率和偿债能力，本章通过剔除无形资产的方法进一步计算了有形资产负债率，并以其作为被解释变量。另外，同样基于有形资产的数额，本章还计算了有形资产短期负债率和有形资产长期负债率。其中：有形资产负债率＝负债/（资产－无形资产），有形资产短期负债率＝流动负债/（资产－无形资产），有形资产长期负债率＝非流动负债/（资产－无形资产）。

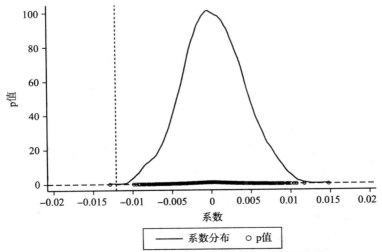

图 7－1　安慰剂检验（以企业杠杆率为被解释变量）

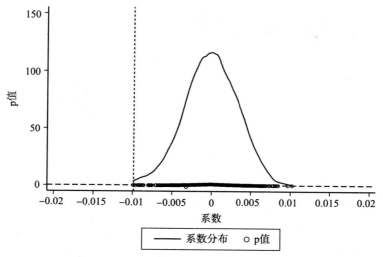

图 7 - 2　安慰剂检验（以短期负债率为被解释变量）

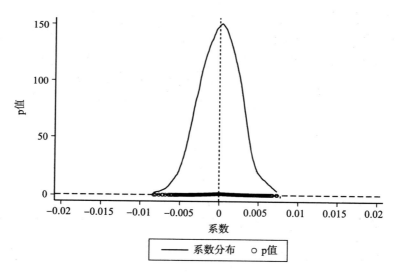

图 7 - 3　安慰剂检验（以长期负债率为被解释变量）

对于替换后的被解释变量，本章仍旧采用式（7 - 1）对 2016 ~ 2019 年的财务数据进行回归分析，回归结果如表 7 - 8 所示。可以看到，在以有形资产负债率为被解释变量的回归中，核心解释变量

Post 的回归系数仍旧在 5% 的水平上显著为正，且系数估计值有所增大。在以有形资产短期负债率为被解释变量的回归中，核心解释变量 Post 的回归系数同样在 5% 的水平上显著为正，系数估计值同样有所增大。在以有形资产长期负债率为被解释变量的回归中，核心解释变量 Post 的回归系数仍然不显著。通过替换被解释变量进行稳健性检验的结果表明，在剔除了无形资产以后，增值税税率下调仍然能够显著降低企业的杠杆率和短期负债率，这进一步说明了本章实证结果的稳健性。

表 7 - 8	稳健性检查：替换被解释变量		
变量	(1) 有形资产负债率	(2) 有形资产短期负债率	(3) 有形资产长期负债率
Post	− 0. 0158 ** (− 2. 0789)	− 0. 0128 ** (− 2. 0001)	− 0. 0028 (− 0. 7568)
常数项	− 2. 0501 *** (− 8. 5850)	− 0. 8958 *** (− 4. 6295)	− 1. 1282 *** (− 8. 2895)
控制变量	YES	YES	YES
公司固定效应	YES	YES	YES
年份固定效应	YES	YES	YES
观测值	9866	9866	9866
Within R^2	0. 1911	0. 1010	0. 0911

注：括号内为检验 t 值；**，*** 分别表示在 5%、1% 水平上显著。

7. 4. 4　进一步分析

在增值税税率下调的政策下，不同企业的资本结构变化情况可能不同，因此本部分进一步考察了不同地区、不同规模、不同所有制以及不同负债水平企业"去杠杆"效应的异质性。

（1）企业异质性。

首先，按照企业所有制属性将全样本分为国有企业和非国有企业两组样本，仍旧采用式（7-1）对分组后的样本进行回归分析，结果如表7-9所示。从表7-9中列（1）结果可以看到，在以资产负债率为被解释变量的回归中，国有企业样本组核心解释变量Post的回归系数在5%的水平上显著为负，估计值为-0.0150。表7-9的列（2）结果显示，在以资产负债率为被解释变量的回归中，非国有企业样本组核心解释变量Post的回归系数为-0.0092，在10%的水平上显著，系数估计值和显著性水平均低于国有企业样本。这表明增值税税率下调政策在国有企业中的"去杠杆"效应大于非国有企业，其原因在于国有企业通常具有更高的市场地位和议价能力，能够更多地分享减税收益。但在以短期负债率为被解释变量的异质性分析中，非国有企业样本组的核心解释变量Post的回归系数显著为负，而国有企业却不显著，其原因可能是非国有企业比国有企业的融资约束问题更加严重，因而在获得减税收益时，更倾向于降低财务风险大的短期负债，以优化资本结构。国有企业有政府提供的隐形担保及预算软约束等特点，在金融市场上更受优待，通常面临较低的融资约束，在进行负债融资时也能够维持较为合理的负债结构。因此增值税税率下调带来的是国有企业整体杠杆率的降低，对短期负债与长期负债的构成比例并无显著影响。

其次，本部分将样本企业按照杠杆率的中位数分为高杠杆水平和低杠杆水平两组样本，利用式（7-1）分别对两组样本进行回归检验。表7-9的列（3）、列（4）的结果显示，增值税税率下调对不同杠杆水平的企业均有显著的"去杠杆"效应，杠杆水平越高，"去杠杆"效应越明显。

最后，本部分还按照规模大小，将样本企业分为大型企业和中小型企业两组样本进行回归分析。表7-9的列（5）、列（6）分别列示了大型、中小型企业的估计结果。可以看到，大型企业的核心解释

表 7-9

异质性分析

变量	(1) 国有企业	(2) 非国有企业	(3) 高杠杆企业	(4) 低杠杆企业	(5) 大型企业	(6) 中小型企业	(7) 东部地区	(8) 中部地区	(9) 西部地区
Panel A: 以资产负债率 (LEV) 为被解释变量									
Post	-0.0150** (-2.12)	-0.0092* (-1.85)	-0.0136** (-2.14)	-0.0097** (-2.47)	-0.0092** (-2.19)	-0.0405*** (-2.65)	-0.0125*** (-2.76)	-0.0124 (-1.09)	0.0026 (0.18)
Within R^2	0.1795	0.2467	0.1169	0.1738	0.2093	0.2439	0.2096	0.3318	0.2569
Panel B: 以短期负债率 (LEV_S) 为被解释变量									
Post	-0.0076 (-1.02)	-0.0103** (-2.23)	-0.0025 (-0.34)	-0.0126*** (-3.41)	-0.0081** (-2.00)	-0.0239* (-1.65)	-0.0139*** (-3.25)	-0.0096 (-0.81)	0.0258* (1.72)
Within R^2	0.0707	0.1403	0.0425	0.1116	0.1055	0.1563	0.1126	0.1792	0.1287
Panel C: 以长期负债率 (LEV_L) 为被解释变量									
Post	-0.0072 (-1.12)	0.0014 (0.42)	-0.0108* (-1.73)	0.0031 (1.33)	-0.0005 (-0.17)	-0.0160 (-1.46)	0.0016 (0.43)	-0.0023 (-0.26)	-0.0255** (-2.40)
Within R^2	0.0812	0.1042	0.0720	0.0844	0.1089	0.0682	0.0880	0.1524	0.1579
控制变量	YES	YES	YES	YES	YES	YES	YES	YES	YES
公司固定效应	YES	YES	YES	YES	YES	YES	YES	YES	YES
年份固定效应	YES	YES	YES	YES	YES	YES	YES	YES	YES
观测值	3392	6516	4957	4952	8142	1767	7012	1613	1284

变量 Post 的回归系数为 -0.0092，且在 5% 水平上显著为负；中小型企业的核心解释变量 Post 的回归系数为 -0.0405，且在 1% 水平上显著为负，系数估计值的绝对值和显著性水平均高于大型企业。其原因可能在于中小型企业面临的融资约束高于大型企业，因而在税率下调缓解了资金压力后，更多地将资金用于偿还借款以减轻财务风险和融资成本。

（2）地区异质性。

由于我国东部、中部、西部地区的经济发展水平、企业管理水平不同，因而增值税税率下调的"去杠杆"效应亦可能不同。基于此，本章按照企业所属地区不同，进行了地区异质性分析，结果如表 7-9 所示。在以企业杠杆率为被解释变量的检验中，东部地区企业的 Post 的回归系数为 -0.0125，且在 1% 的水平上显著（t = -2.76），中、西部地区企业 Post 的回归系数均不显著，这说明增值税税率下调的"去杠杆"效应在东部地区更加明显，其原因可能是东部地区具有较高的经济发展水平，企业具有更强的竞争力以及更高的管理水平，因而在市场交易和市场竞争中占据优势地位，能够更好地把握和利用税收政策，更多地分享增值税减税收益。另外，在西部地区的分样本回归中，增值税税率下调对杠杆率无显著影响，而对短期负债率的影响在 10% 的水平显著为正，对长期负债率的影响在 5% 的水平上显著为负。这说明在增值税税率下降的政策下，西部地区企业未能获得减税收益，杠杆率没有明显下降，反而短期负债率有所提高，长期负债率有所下降，财务风险进一步提高，融资约束进一步加剧。

7.5　本章小结

减税降费是促进企业"去杠杆"的重要政策工具。本章以 2018 年增值税税率下调作为准自然试验，2016～2019 年 A 股上市公司作为研究样本，利用双重差分模型检验了增值税税率下调的"去杠杆"效应。本章研究发现，增值税为流转税、价外税，具有税收中性的特点，但其税率下调显著降低了处理组企业的杠杆率和短期负债率，对长期负债率无显著影响，在一定程度上优化了企业负债结构。进一步的企业异质性分析显示，在增值税税率下调的政策下，国有企业比非国有企业的"去杠杆"效应更加明显，高杠杆水平企业比低杠杆水平企业的"去杠杆"效应更加明显，中小型企业比大型企业的"去杠杆"效应更加明显。进一步的地区异质性分析显示，增值税税率下调对东部地区企业杠杆率和短期负债率影响显著；对中部地区的杠杆率、短期负债率、长期负债率均无显著影响；对西部地区企业的影响较为特殊，尽管总杠杆率无显著变化，但短期负债率有所上升，长期负债率有所下降，财务风险进一步提高。

本章的研究结论整体上证实了 2018 年的增值税税率调整在帮助企业"去杠杆"，防控债务风险中发挥的积极作用，同时也拓展了增值税减税效应的相关研究，亦具有一定的现实意义。一是增值税税率下调可以增加企业现金流量，提升企业绩效，降低企业杠杆率。建议在以后的减税降费政策中，可以考虑进一步简并增值税税率，将三档税率并为两档，并降低基本税率，以进一步降低企业杠杆率和融资成本，同时考虑在整体杠杆率下降的情况下，促进企业长期负债率的提升，优化资本结构，激发企业活力，助力供给侧结构性改革和需求侧管理目标的实现。二是完善对西部地区企业的减税政策。本章的研究结论表明西部地区企业的"去杠杆"效应并不明显，且短期负债率有所提高，长期负债率有所降低，财务风险进一步提高。这说明西部地区不仅未能充分地享受增值税税率下调的减税收益，反而遭受利益损失。因此，建议针对西部地区企业实行多样化的减税政策。

第8章 研究结论与政策建议

8.1 研究的主要结论

本书以"企业视角下的增值税减税财务效应研究"为主题，按照"研究起点—理论研究—实证研究—优化研究"的思路展开。在研究起点阶段，介绍研究背景、研究意义、研究目标、研究内容、研究思路、研究方法、创新与不足之处等，并进行文献综述和增值税制度背景分析。在理论研究阶段，引入税收中性理论、会计等式、税收调控理论、优序融资理论、供给需求理论以及现金流量理论等相关理论，建立增值税减税财务效应的理论分析框架，逐项分析增值税税率调整对资本结构、经营绩效、现金流的作用机制。在实证研究阶段，利用我国上市公司财务数据和计量模型实证检验了增值税税率下调对企业绩效、现金流、资本结构的影响效果。

经过前述研究，得出的主要研究结论如下。

（1）增值税并非完全中性，税率调整会对企业的生产经营情况及财务指标产生显著影响。尽管增值税为价外税、流转税，具有税收中性的特点，其进项税额、销项税额、应纳税额均不进入企业利润核算系统，但增值税税率的调整会对企业的生产经营情况及财务指标产生显著影响。第一，税率下调可能通过"价格效应"影响企业产品需求、产品销量、销售收入、利润。第二，增值税税负的不完全转嫁使得企业在产品销售中需要承担部分税负，增值税税率下调降低了增值税税负，也在一定程度上降低了企业自身承担的税负。第三，在增值额不变的前提下，税率下调减少了增值税应纳税额，那么以增值税应纳税额、消费税应纳税额为税基的城市维护建设税和教育费附加还会降低，现金流出量相应减少，企业盈利相应增加。第四，企业在经营过程中会出现增值税进项税额不得抵扣，或者增值税视同销售的情形，此时相应税负由企业承担，并根据交易性质计入销售费用、管理费用等。增值税税率下调降低了企业承担的增值税税费和计入销售费用、管理费用的额度，因而影响了企业成本、费用和利润。第五，增值税税率下调将减少了企业在采购环节垫支的增值税进项税额，节约了现金支出，降低了融资规模和融资成本，因而影响企业财务费用、盈利和现金流。第六，增值税税率下调能够提高企业盈利能力，减少企业现金支出，改善企业财务状况，使得债权人、股东的投资风险降低，必要收益率降低，投资意愿增强，缓解了企业融资约束，拓展了企业外部融资空间。

（2）增值税税率下调有助于降低企业经营成本，提高经营绩效。增值税税率下调通过"增加产品需求，降低产品生产成本""减少企业因视同销售和不得抵扣而承担的增值税税负""降低负债融资规模和融资成本"以及"减少税金及附加支出"等路径促进企业"降成本"，提升绩效。利用双重差分模型和上市公司财务数据的回归结果显示，增值税税率下调显著降低了企业的总成本，提升了企业绩效。相对于国有企业，增值税减税的"降本增效"效应在非国有企业中更加显著，即增值税税率下调对国有企业成本和绩效的影响更小，其原因在于国有企业通常具有较高的市场地位、科技水平以及行业背景，产品竞争力较强或者为人民生活、社会发展所必需，因而承担的增值税税负相对较少，因税率下调造成的产品需求变动和现金流变动较小。进一步的异质性分析显示，增值税税率下调的"降本增效"效应在东部地区企业、高成本水平企业、大型企业中更加明显，在低成本企业、中小型企业、中西部地区企业中则不显著，说明部分企业未能享受到税率下调带来的减税收益。

（3）增值税税率下调显著提高了企业现金净流量。增值税税率下调影响企业现金流量的途径包括"通过减少企业在购买环节所支付的增值税进项税额影响企业经营活动产生的现金流量""减少企业因城市维护建设税和教育费附加而支付的现金流""通过降低成本费用，增加盈利而提升企业现金流创造能力""通过改善企业财务状况和盈利能力，而提升企业融资能力和现金柔性"。利用倾向得分匹配—双重差分模型和上市公司财务数据的回归结果显示增值税税率下调政策显著提高了受影响企业的现金净流量比率，且增值税税率下调的"现金流效应"在国有企业中不显著，非国有企业中显著，其原因在于国有企业的市场地位使得其较少地垫支增值税进项税额，在信贷市场的优待使得其面临较低的融资约束，现金流不足的情况也较少，因此增值税税率下调带来的影响也较小。进一步的异质性分析发现，税率下调的"现金流效应"在东部地区企业中更加显著，在中西部地区企业中则不显著，其原因在于东部地区企业具有较高的市场地位、议价能力、产品竞争力以及财务管理水平，能够更好地把握税收政策，更多地分享税率下调带来的减税收益，因而获得了更多的现金流入。异质性分析还发现，税率下调的"现金流效应"在规模较小企业中更加显著，在规模较大企业中则不显著，其原因在于规模较小企业在市场竞争中处于弱势地位，在市场交易的博弈中承担了更多的增值税税负，也面临着更高程度的融资约束，因而增值税税率下调带来的"现金流效应"更加明显。

（4）增值税税率下调显著影响了企业资本结构，降低了企业资产负债率和短期负债率，对长期负债率无显著影响。增值税税率下调通过"现金流效应""盈余效应"等对企业资本结构产生影响。利用双重差分模型和上市公司财务数据的回归结果显示，增值税税率下调政策显著地降低了处理组企业的资产负债率。区分短期负债和长期负债的回归结果显示，税率下调能够显著降低短期负债率，对长期负债率无显著影响。由于长期负债和短期负债的财务风险不同，当增值税税率下调带来减税收益，缓解融资约束时，企业将首先考虑降低财务风险较高的短期负债的融资规模和比例，因而短期负债率会降低。长期负债率会受到两个方向的影响：一是税率下调带来减税收益使得企业降低负债融资规模，长期负债率也会相应降低；二是当税率下调带来减税收益，缓解企业融资约束时，企业会倾向于优化债务结构，降低短期负债率，提高长期负债率。在两个相反方向力量的作用下，企业的长期负债率无显著变化。进一步的异质性分析结果显示：相对于国有企业，增值税税率下调的"去杠杆"效应在非国有企业中更加显著；相对于低杠杆水平企业，增值税税率下调的"去杠杆"效应在高杠杆水平企业中更加显著；相对于中西部地区企业，增值税税率下调的"去杠杆"效应在东部地区企业中更加显著。

8.2　我国增值税制度尚存问题分析

根据前述研究，增值税税率下调能够降低企业成本、资产负债率，增加企业绩效和现金流，有利于企业可持续发展和我国经济高质量发展，但仍存在一定的问题。

（1）税率档次较多且基本税率仍较高。目前我国增值税的税率有三档，为13%、9%、6%，档次仍然较多且基本税率还是比较高。首先，尽管增值税具有中性税特征，对市场主体经营行为的影响相对较小，但目前存在的多档税率造成了不同产品、不同行业的增值税税负不同，影响了市场的资源配置。其次，较高的基本税率意味着较高的增值税税负，在一定程度上抑制了企业活力与消费者需求。从名义上看，增值税税负由最终消费者负担，实际上，税负的转嫁及分配情况取决于供需双方的价格弹性，可能由生产企业、销售商以及消费者中的一方或者多方承担。当增值税税负较高时，终会增加企业经营及成本负担或者增加消费者支出，影响供给侧结构性改革与需求侧管理效果。另外，较高的增值税税率使得我国的税制呈现累退性，进一步扩大了收入差距，不利于提升消费需求。

（2）部分小微企业难以享受减税红利。在增值税的诸多减税措施中，税率下调的减税效果最为复杂，减税红利在各企业以及消费者之间的分配情况取决于交易双方的供给与需求弹性以及双方的市场地位和议价能力。大中型企业、国有企业通常具有较高的市场地位，在与上下游企业的交易中有较强的议价能力，通常能够获得较多的增值税减税红利。而非国有企业，尤其是小微企业的市场地位较低，在市场交易中的议价能力较弱，通常获得较少的增值税减税红利。也就是说，部分市场地位较高的企业在交易价格博弈中占据优势，能够更多地挤占部分市场地位较低企业的利益。极端情况下，部分企业不仅不能获得减税收益，甚至会承受损失。假设某企业购销商品及服务的税率均为标准税率17%，并假设其购进货物、服务的不含税价格为 P_1，含税价格为 $1.17P_1$；销售商品的不含税价格为 P_2，含税价格为 $1.17P_2$；毛利为 $P_2 - P_1$。当增值税税率降为13%时，企业购销商品及服务的价格及毛利可能出现多种情形，我们就三种特殊情形展开探讨。理想情形下，企业不含税进价、售价均不变，仍分别为 P_1 和 P_2；含税进价、售价均降低，分别为 $0.13P_1$ 和 $0.13P_2$；毛利不变，仍为 $P_2 - P_1$。市场地位高，议价能力强的企业可能出现第一种极端情形，商品或服务含税售价仍为 $1.17P_2$，不含税售价提高为 $1.035P_2$；不含税进价仍为 P_1，含税进价降为 $1.13P_1$；毛利增加为 $1.035P_2 - P_1$。毛利增加的原因在于其挤占了下游企业的减税红利。市场地位低，议价能力弱的企业可能出现第二种极端情形，含税进价未能随增值税税率下降而下降，仍为 $1.17P_1$，不含税进价则增加为 $1.035P_1$；不含税售价不变，仍为 P_2，含税售价却随增值税税率下降而下降为 $1.13P_2$；毛利降低为 $P_2 - 1.035P_1$。不仅未能获得减税红利，反而由于减税而遭受了损失。

此外，小规模纳税人同样存在不能享受减税红利的情形。例如，尽管小规模纳税人增值税起征点先后提升至 10 万元和 15 万元，但是部分小规模纳税人将产品或服务销售给大中型企业时，被要求必须转为一般纳税人，按照相应税率开具增值税专用发票，难以享受"起征点"的优惠政策。增值税税率下调后的商品价格与毛利变动分析如表 8 - 1 所示。

表 8 - 1　　　增值税税率下调后的商品价格与毛利变动分析

税率	情形	不含税进价	进项税额	含税进价	不含税售价	销项税额	含税售价	毛利
17%	原情形	P_1	$0.17P_1$	$1.17P_1$	P_2	$0.17P_2$	$1.17P_2$	$P_2 - P_1$
13%	理想情形	P_1	$0.13P_1$	$1.13P_1$	P_2	$0.13P_2$	$1.13P_2$	$P_2 - P_1$
	极端情形 1	P_1	$0.13P_1$	$1.13P_1$	$1.035P_2$	$0.135P_2$	$1.17P_2$	$1.035P_2 - P_1$
	极端情形 2	$1.035P_1$	$0.135P_1$	$1.17P_1$	P_2	$0.13P_2$	$1.13P_2$	$P_2 - 1.035P_1$

注：此处毛利仅指企业商品进销差价，不考虑交易费用及其他相关成本。假设购销商品均适用标准税率。

（3）增值税抵扣链条不完整的情形依然存在。当前，我国增值税抵扣链条不完整的情形依然存在，原因有三。一是购入贷款服务、餐饮服务等不得抵扣进项税额；二是部分项目免征增值税；三是小规模纳税人简易计税办法的存在。贷款是所有企业都采用的融资方式，是企业的重要资本来源，贷款利息亦是企业重要的费用支出。尽管贷款服务已经"营改增"，但其增值税税额不能抵扣，相当于保留了原营业税的特征，增加了企业的经营成本（刘元生等，2018）。增值税链条的断裂增加了下游企业的增值税税负，造成了堵点，不利于生产、分配、流通、消费各环节的贯通。

（4）以流转税为主体的税制结构有待优化。当前我国税制结构依然以流转税为主体。2020 年全国税收收入为 154310 亿元，其中国内增值税收入为 56791 亿元，国内消费税收入为 12028 亿元，进口货物增值税、消费税收入为 14535 亿元，企业所得税收入为 36424 亿元，个人所得税收入为 11568 亿元。国内增值税占比为 36.80%，流转税合计占比为 54.02%，企业所得税占比为 23.60%，所得税合计占比为 31.10%。[①] 增值税等流转税不同于所得税，无论企业是否盈利均应缴纳。实际上，盈利能力差，市场地位低的困难企业通常难以将税负转嫁给供应商或者客户，因而要承担较多的增值税负；而市场地位高、盈利能力强的大中型企业与国有企业在市场交易中更具话语权，因而承担较少的税负。以企业所得税为主的直接税则恰好相反。因此以流转税为主体的税制倾向于成为累退性税制；而以个人所得税等累进税为主体的税制，则更易成为累进性税制。以流转税为主体的税制结构更可能造成弱势企业更弱，强势企业更强，不利于国家整体竞争力的提升，供给侧结构性改革的推进以及消费需求与投资需求的扩大。

8.3 政 策 建 议

8.3.1 税收制度层面

（1）进一步简并增值税税率。当前 13%、9% 与 6% 的增值税税率档次较多，且 13% 的基本税率仍然较高，企业仍然面临较高的增值税税负。建议将三档税率简并为两档或者一档，基本税率降为 8% ~ 10%，以进一步减轻企业税负。增值税税负的降低可以有效提高企业的现金流量，增强企业资产的流动性，增强企业活力，降低高负债企

---

① 财政部新闻发布会介绍 2020 年财政收支情况 [EB/OL]. (2021 - 01 - 28) [2023 - 07 - 21]. https://www.gov.cn/xinwen/2021 - 01/28/content_5583244.htm.

业杠杆率和财务风险。同时，增值税税负的降低还可以增加消费者消费需求，提升企业产品销量、收入和利润，缩短经营周期。

（2）完善对小微企业的增值税减税政策。小微企业贡献了全国80% 以上的就业，70% 以上的发明专利，60% 以上的 GDP 和 50% 以上的税收，是我国经济建设的重要参与者，亦是我国需求侧管理、供给侧结构性改革以及构建"内循环"发展战略的关键因素。首先可考虑实行针对小微企业的多样化的减税政策，如在税率适当下调的同时，配合"加计抵减"，超过一定税负的"即征即退"以及放宽"留抵退税"适用范围等优惠政策，切实降低小微企业的税负。其次，可联合税务、工商等部门对全产业链的企业销售定价进行监管，避免弱势企业利益被过度侵蚀。

（3）完善增值税抵扣链条。首先应将贷款服务纳入增值税进项税额抵扣范围。贷款利息支出是大多数企业的重要费用支出，将其纳入抵扣范围后，一方面，可避免重复征税，使得增值税链条断裂面大幅减少；另一方面，可以显著降低下游企业增值税税负和资本成本，增强企业盈利能力与竞争力，促进企业"去杠杆"和降成本，提升企业投资意愿与投资需求。其次可考虑以零税率或者低税率代替免税。免税产品销售时无须缴纳增值税，但购进的相关商品及服务的进项税额亦不能抵扣，造成增值税抵扣链条的断裂。如果以零税率或者低税率代替免税，则既可以贯通增值税抵扣链条，又不会增加企业税负，维持对原免税产品的优惠及激励作用。

（4）构建双主体税种的税制结构。由于低收入人群的边际消费倾向高于高收入人群，负担了更多的增值税，同时弱势企业通常难以转嫁增值税税负，因此以流转税为主体的税制更可能成为累退性税制；由于只有盈利的企业需要缴纳企业所得税以及个人所得税累进的税率结构，因而以所得税为主体的税制更可能成为累进性税制。尽管在当前环境下，我国难以建设成以所得税为主体的累进性税制，但仍应通过进一步简并税率、完善优惠政策等措施降低增值税等流转税比重，通过进一步完善个人所得税制度，推进房产税等税种改革来提高直接税比重，构建双主体税种的税制结构，降低税制的累退性。与以流转税为主体的税制相比，双主体税种的税制既可以缩小居民间的收入差距，提升社会整体消费需求，又可以缓解企业间的税负不公，降低在市场竞争中处于弱势地位的中小微企业负担，促进供给侧结构性改革。

8.3.2　企业层面

（1）提高企业税务管理水平。在供给侧结构性改革、需求侧管理以及构建双循环战略的背景下，我国政府持续推进增值税、企业所得税、个人所得税等多项税收制度改革。这些改革措施在给企业带来减税红利的同时也增加了企业税务管理的难度和税收风险。部分中小微企业因税务管理水平低下，不能较好地掌握税收政策而未能充分享受减税收益；因在市场交易中议价能力较弱或者销售政策制定不当，过多地承担了增值税税负。因此建议中小微企业着力提高税务管理能力，可行的措施包括成立税务专岗，加强税务人才引进，提升税务、财务人员业务能力等，注重税收政策的及时、持续学习等。

（2）提高议价能力避免过多承担税负。前文研究结果表明，议价能力决定了企业在市场交易中的增值税税负转嫁和承担程度，因此企业应着重提高产品竞争力、市场地位，调整采购与销售策略以在商品或劳务交易中具有更强的议价能力，避免自身利益被上下游企业过度侵蚀。可行的议价能力提升路径包括注重产品研发、创新及产品质量以提升产品竞争力，调整、优化采购与销售策略以避免在市场交易的价格和税负博弈中处于劣势地位等。

（3）适当进行税收筹划。追求税后收益最大化是企业在市场经济条件下生存与发展的客观要求。税收筹划是纳税人的一项基本权利，也是一种理财行为。企业要在市场竞争中占据优势地位，除提高产品竞争力外，降低包括纳税支出在内的生产经营成本。比如，在增值税筹划方面，企业在采购环节购货对象的选择，对购货规模、结构、时间的确定，可能影响企业可抵扣进项税额的多少、资金垫支的时间、短期负债的规模和期限等；在销售环节对销售价格的制定、销售方式和结算方式的选择、对销售地点的选择等可能影响企业增值税应纳税额、纳税义务发生时间等。适当的税收筹划既可降低企业经营成本，还可促使企业提高对税收政策的理解和把握程度，提高纳税意识，规范财务核算制度，且有利于国家税收制度的不断完善。企业对税收优惠政策的享受既降低了税收成本，亦有利于国家政策目标的实现。企业应注重提高税务、财务人员专业素养，鼓励税务、财务人员熟悉税收政策并进行适当的税收筹划。

主要参考文献

［1］白云霞，唐伟正，李伟. 企业可见规模与增值税有效税率——兼议对新时期增值税征管的启示［J］. 中国工业经济，2021（9）.

［2］蔡昉，王美艳. 中国城镇劳动参与率的变化及其政策含义［J］. 中国社会科学，2004（4）.

［3］曹越，李晶."营改增"是否降低了流转税税负——来自中国上市公司的证据［J］. 财贸经济，2016（11）.

［4］曹越，彭可人，郭天枭. 增值税税率调整对企业创新的影响研究［J］. 中国软科学，2023（2）.

［5］陈珂，王婷婷. 2018年世界增值税改革发展评述［J］. 税务研究，2019（4）.

［6］陈颂东. 增值税收入归属与税负归宿的背离及均衡［J］. 地方财政研究，2019（12）.

［7］陈昭，刘映曼."营改增"政策对制造业上市公司经营行为和绩效的影响［J］. 经济评论，2019（5）.

［8］陈治，赵磊磊. 基于税收中性的增值税改革进路［J］. 地方财政研究，2021（9）.

［9］崔惠玉，田明睿，王倩. 增值税留抵税款抑制了企业研发投入吗［J］. 财贸经济，2022，43（8）.

［10］代冰彬，万小伟，姜戈越. 疫情冲击下企业现金持有的预防价值分析——以旅游上市公司岭南控股和凯撒旅业为例［J］. 财会通讯，2023（14）.

［11］丁垣竹.企业债务违约的生成机理与风险防范［D］.长春：吉林大学，2022.

［12］董培苓.供给侧改革与需求侧管理背景下增值税优化研究［J］.地方财政研究，2021（8）.

［13］杜爽.增值税减税的作用机制及政策完善［J］.税务研究，2020（7）.

［14］樊勇，姜辛.增值税的价格效应［J］.财政研究，2020（9）.

［15］樊勇，李昊楠.对我国增值税改革减税效果的基本认识——兼议衡量增值税税负变动的口径［J］.税务研究，2019（7）.

［16］范子英，彭飞."营改增"的减税效应和分工效应：基于产业互联的视角［J］.经济研究，2017，52（2）.

［17］方红生，胡稳权，张旭飞，等.增值税税率简并政策的行业税负效应［J］.经济研究，2022，57（7）.

［18］冯海波.供给侧结构性改革背景下的减税逻辑［J］.华中师范大学学报（人文社会科学版），2017，56（4）.

［19］冯阔，唐宜红.增值税多档税率、出口退税与国际经济效应［J］.经济研究，2021，56（5）.

［20］付敏杰，张平.增值税改革：从稳定税负到国家治理［J］.税务研究，2016（11）.

［21］干福钦.新增值税理论与实务［M］.北京：中国财政经济出版社，1994.

［22］甘犁，秦芳，吴雨.小微企业增值税起征点提高实施效果评估——来自中国小微企业调查（CMES）数据的分析［J］.管理世界，2019，35（11）.

［23］高凤勤，包雅雯.基于税种协调的增值税改革思考［J］.税收经济研究，2020，25（4）.

［24］高利芳，张东旭.营改增对企业税负的影响研究［J］.税务研究，2019（7）.

［25］高培勇. 减税降费是为了扩需求还是降成本？［J］. 环境经济，2018（24）.

［26］龚辉文. 关于降低制造业增值税税率的逻辑思考［J］. 税务研究，2020（2）.

［27］谷成，王巍. 增值税减税、企业议价能力与创新投入［J］. 财贸经济，2020（9）.

［28］韩忠雪，周婷婷. 产品市场竞争、融资约束与公司现金持有：基于中国制造业上市公司的实证分析［J］. 南开管理评论，2011，14（4）.

［29］郝景萍，周洋. 增值税税率改革能否遏制企业"脱实向虚"［J］. 经济问题，2021（6）.

［30］何辉，魏卓凡. 基于减税视角的增值税制度优化探析［J］. 税务研究，2022（7）.

［31］何靖. 延付高管薪酬对银行风险承担的政策效应——基于银行盈余管理动机视角的 PSM – DID 分析［J］. 中国工业经济，2016（11）.

［32］何杨，邓粞元，朱云轩. 增值税留抵退税政策对企业价值的影响研究——基于我国上市公司的实证分析［J］. 财政研究，2019（5）.

［33］何振，王小龙. 增值税减税能否激励企业进入？——来自中国的实证证据［J］. 财政研究，2019（7）.

［34］侯祥鹏. "降成本"的政策匹配与实际操作：苏省证据［J］. 改革，2017（1）.

［35］胡国柳，王禹，胡珺. 减税政策会影响审计师风险应对行为吗？——基于简并增值税税率政策的准自然实验［J］. 审计研究，2022（4）.

［36］胡海生，王克强，刘红梅. 增值税税率降低和加计抵减政策的经济效应评估——基于动态可计算一般均衡模型的研究［J］. 财

经研究，2021，47（1）.

［37］胡万俊，孙会兵. 降低增值税税率对价格的影响测算［J］.金融经济，2020（6）.

［38］湖北省国家税务局课题组，胡立升，杨炳炎，等. 增值税不动产分期抵扣政策亟需完善——基于湖北情况的调查与分析［J］.税务研究，2017（12）.

［39］黄惠琴，徐子晴，余威. 增值税留抵退税政策与企业盈余管理［J］.宁波大学学报（人文科学版），2023，36（4）.

［40］黄静，李凌秋. 中小微企业增值税留抵税额退税探索［J］.财会通讯，2018（22）.

［41］黄贤环，杨钰洁. 增值税期末留抵退税能够抑制实体企业金融化吗？［J］.上海财经大学学报，2022，24（3）.

［42］季建辉. 增值税税率降低1%的影响分析［J］.会计之友，2018（20）.

［43］寇恩惠，刘柏惠，张醒. 增值税负担机制研究——来自采矿业税率改革的证据［J］.经济研究，2021，56（10）.

［44］李炳财，倪骁然，王昆仑. 税收激励、风险投资与企业创新——来自政策试点的证据［J］.财政研究，2021（10）.

［45］李传宪，周筱易. 减税降费降低了企业债务融资成本吗［J］.财会月刊，2020（24）.

［46］李丰团. 供给侧结构性改革下非金融企业去杠杆的困境和途径［J］.财会月刊，2018（21）.

［47］李广子，刘力. 债务融资成本与民营信贷歧视［J］.金融研究，2009（12）.

［48］李嘉明，乔天宝. 高新技术产业税收优惠政策的实证分析［J］.技术经济，2010，29（2）.

［49］李建军，张书瑶. 税收负担、财政补贴与企业杠杆率［J］.财政研究，2018（5）.

[50] 李井林, 阳镇, 陈劲, 等. ESG 促进企业绩效的机制研究——基于企业创新的视角 [J]. 科学学与科学技术管理, 2021, 42 (9).

[51] 李憨劼. "减税降费" 推动我国制造业企业高质量发展 [J]. 财务与会计, 2019 (8).

[52] 李晓曼, 黄志纯, 张蔚. 增值税 "退、减、缓" 税收优惠政策效应——基于佛山市南海区煤电企业的调研分析 [J]. 税务研究, 2022 (7).

[53] 李新, 张诗彤, 王毅, 等. 中国增值税留抵退税制度完善研究 [J]. 宏观经济研究, 2023 (5).

[54] 李鑫, 王杰平, 刘妍利. 减税政策与企业融资约束——来自增值税税率下调的证据 [J]. 现代金融, 2022 (12).

[55] 李旭红, 杨武. 增值税税负与企业生命周期关系的实证研究 [J]. 税务研究, 2019 (2).

[56] 李雪松, 刘明. 降低增值税税率的宏观经济效应评估——基于中国 CGE 模型的情景模拟 [J]. 财经问题研究, 2020 (2).

[57] 李颖, 张莉. 增值税税率下调促进了企业现金分红吗 [J]. 会计之友, 2021 (15).

[58] 李颖, 张玉凤. 增值税税率改革与企业全要素生产率: 基于供应链体系构建视角的分析 [J]. 财务研究, 2021 (6).

[59] 李远慧, 陈蓉蓉. 基于企业研发投入视角的增值税税率下调派生效应研究 [J]. 税务研究, 2022 (2).

[60] 李远慧, 罗颖. 营改增减税效应研究——以北京为例 [J]. 税务研究, 2017 (11).

[61] 李增福, 李娟. 税率变动与资本结构调整——基于 2007 年新企业所得税法实施的研究 [J]. 经济科学, 2011 (5).

[62] 梁俊娇, 李想, 王怡璞. 增值税税率简并方案的设想、测算与分析——基于投入产出表分析法 [J]. 税务研究, 2018 (10).

[63] 刘建民, 唐红李, 杨婷婷. 增值税税负如何影响制造业企

业升级？——来自中国上市公司的证据［J］.财经论丛，2020（6）.

［64］刘金科，邓明欢，肖翊阳.增值税留抵退税与企业投资——兼谈完善现代增值税制度［J］.税务研究，2020（9）.

［65］刘稳丰，钟希余，张荣勇.增值税电子发票电子化报销入账归档模式研究——以×大学为例［J］.会计之友，2023（8）.

［66］刘行，叶康涛.增值税税率对企业价值的影响：来自股票市场反应的证据［J］.管理世界，2018，34（11）.

［67］刘行，赵健宇.税收激励与企业创新——基于增值税转型改革的"准自然实验"［J］.会计研究，2019（9）.

［68］刘晔.政治经济学创新与供给侧改革——中国经济规律研究会第26届年会综述［J］.管理学刊，2016，29（4）.

［69］刘怡，耿纯.增值税留抵规模、分布及成本估算［J］.税务研究，2018（3）.

［70］刘植才.我国增值税制度回顾与展望［J］.税务研究，2018（10）.

［71］卢阳，马之超.建立增值税起征点的动态调整机制［J］.税务研究，2016（2）.

［72］陆岷峰，葛和平.中国企业高杠杆成因及去杠杆方式研究［J］.金融监管研究，2016（12）.

［73］陆前进.政府税收税率和通货膨胀率关系的理论和实证研究——对 Mankiw Principle 的理论修正及在中国的实证检验［J］.金融研究，2015（8）.

［74］陆婷，余永定.中国企业债对 GDP 比的动态路径［J］.世界经济，2015，38（5）.

［75］陆正飞，韩非池.宏观经济政策如何影响公司现金持有的经济效应？——基于产品市场和资本市场两重角度的研究［J］.管理世界，2013（6）.

［76］吕丽娟，张玲.从电网企业留抵进项税额看我国增值税退

税制度的完善 [J]. 国际税收，2018（12）.

[77] 吕越，陆毅，吴嵩博，王勇."一带一路"倡议的对外投资促进效应——基于 2005—2016 年中国企业绿地投资的双重差分检验 [J]. 经济研究，2019，54（9）.

[78] 罗清鹏. 增值税留抵税额返还的财税处理 [J]. 财会月刊，2019（5）.

[79] 马海涛，郝晓婧，孙丽."供给侧"改革背景下减税政策的实施路径探析 [J]. 河南财政税务高等专科学校学报，2016，30（3）.

[80] 梅冬州，杨龙见，高崧耀. 融资约束、企业异质性与增值税减税的政策效果 [J]. 中国工业经济，2022（5）.

[81] 茉莉·科尔曼，刘奇超，吴芳蓓. 欧盟加密货币的增值税问题研究及其引申 [J]. 国际税收，2021（6）.

[82] 牟策，马小勇. 增值税留抵退税对上市公司债务融资的影响研究 [J]. 西安财经大学学报，2023，36（3）.

[83] 牟信勇. 天津市增值税减税经济效应评估分析 [J]. 中国税务，2020（5）.

[84] 倪红福，龚六堂，王茜萌."营改增"的价格效应和收入分配效应 [J]. 中国工业经济，2016（12）.

[85] 倪娟，彭凯，苏磊. 增值税非税收中性？——基于可抵扣范围与税负转嫁能力的分析框架 [J]. 会计研究，2019（10）.

[86] 倪婷婷，王跃堂. 增值税转型促进了企业研发投入吗？[J]. 科学学研究，2018，36（10）.

[87] 聂海峰，刘怡. 城镇居民间接税负担的演变 [J]. 经济学（季刊），2010，9（4）.

[88] 聂辉华，方明月，李涛. 增值税转型对企业行为和绩效的影响——以东北地区为例 [J]. 管理世界，2009（5）.

[89] 庞凤喜，李旭红，崔惠玉，等. 聚焦增值税留抵退税制度

[J]. 财政监督，2020（3）.

[90] 庞伟，孙玉栋. 我国增值税分享政策选择及其影响效应研究——基于动态递推 CGE 模型的分析 [J]. 经济体制改革，2021（3）.

[91] 裴淑红，王燕梅. 增值税税率下调 1% 引发的思考 [J]. 财务与会计，2018（13）.

[92] 乔睿蕾，陈良华. 税负转嫁能力对"营改增"政策效应的影响——基于现金—现金流敏感性视角的检验 [J]. 中国工业经济，2017（6）.

[93] 秦大磊. 供给侧改革模式与财税政策实施效应的国际借鉴 [J]. 税务研究，2016（9）.

[94] 饶茜，杨雨虹，郭世俊，等. 增值税进项加计抵减对企业价值的影响 [J]. 财政研究，2020（10）.

[95] 申广军，陈斌开，杨汝岱. 减税能否提振中国经济？——基于中国增值税改革的实证研究 [J]. 经济研究，2016，51（11）.

[96] 申广军，张延，王荣. 结构性减税与企业去杠杆 [J]. 金融研究，2018（12）.

[97] 施文泼. 基于实体经济影响的增值税收入划分制度改革取向 [J]. 财政科学，2019（12）.

[98] 苏国灿，童锦治，魏志华，等. 中国间接税税负归宿的测算：模型与实证 [J]. 经济研究，2020，55（11）.

[99] 谭崇钧，蒋震. 增值税改革：问题与建议 [J]. 税务研究，2013（11）.

[100] 谭雪，李婧萱. 减税激励、融资约束与企业脱实向虚 [J]. 南京审计大学学报，2023，20（3）.

[101] 汤泽涛，汤玉刚. 增值税减税、议价能力与企业价值——来自港股市场的经验证据 [J]. 财政研究，2020（4）.

[102] 田志伟，王晓玲. 增值税扩围对不同地区行业税负的影响 [J]. 山东工商学院学报，2013，27（3）.

[103] 田志伟，王再堂. 增值税改革的财政经济效应研究 [J]. 税务研究，2020 (7).

[104] 童锦治，冷志鹏，黄浚铭，苏国灿. 固定资产加速折旧政策对企业融资约束的影响 [J]. 财政研究，2020 (6).

[105] 童锦治，苏国灿，魏志华. "营改增"、企业议价能力与企业实际流转税税负——基于中国上市公司的实证研究 [J]. 财贸经济，2015 (11).

[106] 万莹，陈恒. 2019 年我国增值税减税改革的政策效应——基于 CGE 模型的分析 [J]. 当代财经，2020 (4).

[107] 汪晓文，李明. 经济高质量发展视域下减税降费政策的路径选择 [J]. 现代经济探讨，2019 (11).

[108] 王福胜，宋海旭. 终极控制人、多元化战略与现金持有水平 [J]. 管理世界，2012 (7).

[109] 王佳方. 供给侧改革中结构性减税的经济效应分析 [J]. 技术经济与管理研究，2018 (5).

[110] 王建平. 改进我国增值税留抵税额处理方式的思路 [J]. 税务研究，2021 (8).

[111] 王巍. 基于增值税的企业现金流风险与防控措施研究 [J]. 生产力研究，2020 (8).

[112] 王伟同，李秀华，陆毅. 减税激励与企业债务负担——来自小微企业所得税减半征收政策的证据 [J]. 经济研究，2020，55 (8).

[113] 王欣兰，张勖捷，王楠. ESG 信息披露、债务融资成本与企业绩效——基于医药制造业上市公司的经验证据 [J]. 会计之友，2023 (13).

[114] 王旭. 供给侧结构性改革下的企业去杠杆研究 [J]. 财会月刊，2018 (3).

[115] 王旭. 增值税减税规模测算方法浅析 [J]. 税务研究，2019 (9).

[116] 王玉娟，郝巧亮．增值税改革政策解析［J］．财会通讯，2018（16）．

[117] 王泽栋，王洛程．增值税税率下调对企业研发投入与绩效影响的研究——基于研发投入的中介效应［J］．特区经济，2022（8）．

[118] 魏鹏．供给侧改革中"去杠杆"的困境、风险及对策［J］．湖北社会科学，2016（12）．

[119] 吴联生，岳衡．税率调整和资本结构变动——基于我国取消"先征后返"所得税优惠政策的研究［J］．管理世界，2006（11）．

[120] 吴怡俐，吕长江，倪晨凯．增值税的税收中性、企业投资和企业价值——基于"留抵退税"改革的研究［J］．管理世界，2021，37（8）．

[121] 肖美玲．税收负担、偿还能力与企业财务绩效［J］．财会通讯，2018（33）．

[122] 肖土盛，孙瑞琦，袁淳．新冠肺炎疫情冲击下企业现金持有的预防价值研究［J］．经济管理，2020，42（4）．

[123] 谢雁翔，覃家琦，金振，等．增值税留抵退税与企业短贷长投［J］．财政研究，2022（9）．

[124] 熊鹭．对我国税收与价格动态影响关系的实证分析［J］．税务研究，2011（6）．

[125] 徐明东，田素华．转型经济改革与企业投资的资本成本敏感性——基于中国国有工业企业的微观证据［J］．管理世界，2013（2）．

[126] 徐鹏．增值税税率下调对价格总水平的影响研究［J］．中国物价，2019（10）．

[127] 徐全红．营改增减轻了中国商业银行的税收负担吗？——基于16家上市商业银行数据的分析［J］．金融论坛，2019，24（7）．

[128] 许建标．我们真正了解增值税吗——对增值税若干基本认识误区的厘清［J］．税收经济研究，2021，26（5）．

[129] 薛伟．数字经济下的增值税：征税机制、避税问题及征

收例解 [J]. 财会月刊, 2021 (9).

[130] 闫浩, 肖春明, 马金华. 增值税税率下调、民营企业投资规模与投资效率 [J]. 当代财经, 2023 (6).

[131] 杨兰品, 冀泽辉, 胡凯. 增值税税率改革能否抑制实体企业金融化——基于多期 DID 的经验证据 [J]. 财会月刊, 2023, 44 (5).

[132] 杨楠, 谭小芬. 我国企业去杠杆的途径与建议 [J]. 中国国情国力, 2016 (11).

[133] 杨新宝, 王志强. 产品市场竞争与现金——现金流敏感性研究 [J]. 经济管理, 2015, 37 (10).

[134] 杨兴全, 丁琰. 税收征管如何影响企业现金持有——基于 "金税三期" 的准自然实验 [J]. 贵州财经大学学报, 2023 (3).

[135] 杨兴全, 张方越, 杨征. 社会资本与企业金融化: 正向助推还是负向抑制 [J]. 现代财经 (天津财经大学学报), 2021, 41 (4).

[136] 杨兴全, 张丽平, 吴昊旻. 市场化进程、管理层权力与公司现金持有 [J]. 南开管理评论, 2014, 17 (2).

[137] 尹音频, 闫胜利. 我国间接税的归宿与收入再分配效应 [J]. 税务研究, 2017 (4).

[138] 应益鹏. 增值税税率下调对上市公司财务绩效影响的研究 [J]. 中国市场, 2021 (16).

[139] 俞杰, 万陈梦. 增值税留抵退税、融资约束与企业全要素生产率 [J]. 财政科学, 2022 (1).

[140] 喻登科, 陈淑婷. 信息技术与企业绩效: 知识管理能力与商业模式创新的链式中介作用 [J/OL]. 科技进步与对策: 1 - 12 [2023 - 07 - 27]. http: //kns. cnki. net/kcms/detail/42. 1224. G3. 2023 0531. 0930. 003. html.

[141] 曾爱民, 张纯, 魏志华. 金融危机冲击、财务柔性储备与企业投资行为——来自中国上市公司的经验证据 [J]. 管理世界, 2013 (4).

［142］张成松．增值税抵扣权：一种独立权利形态的证成与展开［J］．大连理工大学学报（社会科学版），2020，41（4）．

［143］张春海．"营改增"减税效应与企业去杠杆——基于2008—2013年中国工业微观企业数据的实证分析［J］．金融发展研究，2019（10）．

［144］张航燕．实体经济"降成本"的问题与对策研究［J］．价格理论与实践，2016（9）．

［145］张会丽，吴有红．超额现金持有水平与产品市场竞争优势——来自中国上市公司的经验证据［J］．金融研究，2012（2）．

［146］张久慧，王志平，辛明远．增值税留抵退税的权益、利弊分析及优化建议［J］．地方财政研究，2022（8）．

［147］张念明．新一轮减税降费的实施路径分析［J］．中南财经政法大学学报，2020（1）．

［148］张守文．增值税改革与立法的法治逻辑［J］．政法论丛，2023（2）．

［149］张淑翠，李建强，秦海林．增值税税率三档并两档改革对制造业的影响研究［J］．经济与管理评论，2019，35（4）．

［150］张铁铸，金豪．融资约束视角下的企业信息披露行为研究——基于增值税转型自然实验的经验证据［J］．审计与经济研究，2017，32（6）．

［151］赵书博，张书慧，张雪．"一带一路"沿线国家增值税比较研究［J］．管理世界，2019，35（7）．

［152］赵迎春，王钰．增值税制度设计几个问题的探讨［J］．税务研究，2020（8）．

［153］赵颖．减税激励与小微企业发展——基于所得税减半征收的证据［J］．经济学动态，2022（5）．

［154］周楷唐，麻志明，吴联生．高管学术经历与公司债务融资成本［J］．经济研究，2017，52（7）．

［155］周列平，李淼焱．经济数字化的增值税挑战与国际借鉴 ［J］．财会通讯，2020（18）.

［156］朱大浩，胡海生，施天骏．增值税加计抵减政策对数字经济行业企业税负的影响及异质性分析——以信息技术服务业为例 ［J］．财会研究，2023（4）.

［157］朱启荣，姚敏，杜才平．中国降低企业税负的经济效应——基于 GTAP 模型的评估 ［J］．经济学家，2018（5）.

［158］祝继高，陆正飞．货币政策、企业成长与现金持有水平变化 ［J］．管理世界，2009（3）.

［159］Acharya V，Davydenko S A，Strebulaev I A. Cash holdings and credit risk ［J］. The Review of Financial Studies，2012，25（12）.

［160］Agarwala R，Goodson G C. An analysis of consumer goods' prices in an input-output framework ［J］. Oxford Economic Papers，1970，22（1）.

［161］Aizenman J，Jinjarak Y. The collection efficiency of the Value Added Tax：Theory and international evidence ［J］. Journal of International-al Trade and Economic Development，2008，17（3）.

［162］Akhmadeev R G，Bykanova O A，Salomadina P S. The effect of the VAT change on the final consumer ［C］//Proceedings of the 33rd International Business Information Management Association Conference，IBIMA. 2019.

［163］Alareeni B A，Hamdan A. ESG impact on performance of US S&P 500 – listed firms ［J］. Corporate Governance：The International Journal of Business in Society，2020，20（7）.

［164］Alavuotunki K，Haapanen M，Pirttilä J. The effects of the value-added tax on revenue and inequality ［J］. The Journal of Development Studies，2019，55（4）.

［165］Alesina A，Ardagna S，Perotti R，et al. Fiscal policy，profits, and investment [J]. American economic review, 2002, 92 (3).

[166] Al Hayek M A. The relationship between sales revenue and net profit with net cash flows from operating activities in Jordanian industrial joint stock companies [J]. International Journal of Academic Research in Accounting, Finance and Management Sciences, 2018, 8 (3).

[167] Allen M F. The ecology of arbuscular mycorrhizas: a look back into the 20th century and a peek into the 21st [J]. Mycological Research, 1996, 100 (7).

[168] Alm J, El-Ganainy A. Value-added taxation and consumption [J]. International Tax and Public Finance, 2013, 20.

[169] Amore M D, Schneider C, Žaldokas A. Credit supply and corporate innovation [J]. Journal of Financial Economics, 2013, 109 (3).

[170] Anderson S P, De Palma A, Kreider B. The efficiency of indirect taxes under imperfect competition [J]. Journal of Public Economics, 2001, 81 (2).

[171] Ardalan A, Kessing S G. Tax pass-through in the European beer market [J]. Empirical Economics, 2021, 60 (2).

[172] Atkinson A B, Stiglitz J E. The structure of indirect taxation and economic efficiency [J]. Journal of Public economics, 1972, 1 (1).

[173] Auerbach A J. Tax reform and adjustment costs: The impact on investment and market value [J]. International Economic Review, 1989, 30 (4).

[174] Barrell R, Weale M. The economics of a reduction in VAT [J]. Fiscal studies, 2009, 30 (1).

[175] Bates T W, Kahle K M, Stulz R M. Why do US firms hold so much more cash than they used to? [J]. The Journal of Finance, 2009, 64 (5).

[176] Baum D N. Economic effects of including services in the sales tax base: an applied general equilibrium analysis [J]. Public Finance Quarterly, 1991, 19 (2).

[177] Benzarti Y, Carloni D. Who really benefits from consumption tax cuts? Evidence from a large VAT reform in France [J]. American Economic Journal: Economic Policy, 2019, 11 (1).

[178] Bernal A. Do Small Value-Added Tax Rate Decreases on Groceries Imply Lower Prices for Consumers? [J]. Eastern European Economics, 2018, 56 (1).

[179] Besley T J, Rosen H S. Sales taxes and prices: an empirical analysis [J]. National Tax Journal, 1999, 52 (2).

[180] Bikas E, Andruskaite E. Factors affecting value added tax revenue [J]. European Scientific Journal, 2013, 9 (19).

[181] Bodenhorn D. A Cash-flow concept of profit [J]. The Journal of Finance, 1964, 19 (1).

[182] Bogetic Z, Hassan F. Determinants of Value – Added Tax Revenues [J]. World Bank Policy Research Working Paper, 1993 (1203).

[183] Cai X, Lu Y, Wu M, et al. Does environmental regulation drive away inbound foreign direct investment? Evidence from a quasi-natural experiment in China [J]. Journal of Development Economics, 2016.

[184] Campello M, Graham J R, Harvey C R. The real effects of financial constraints: Evidence from a financial crisis [J]. Journal of financial Economics, 2010, 97 (3).

[185] Carare A, Danninger S. Inflation smoothing and the modest effect of VAT in Germany [J]. 2008.

[186] Carbonnier C. Who pays sales taxes? Evidence from French VAT reforms, 1987 – 1999 [J]. Journal of Public Economics, 2007, 91 (5 – 6).

[187] Caspersen E, Metcalf G. Is a value added tax regressive? Annual versus lifetime incidence measures [J]. National Tax Journal, 1994, 47 (4).

[188] Zhang L, Chen Y, He Z. The effect of investment tax incentives: Evidence from China's value-added tax reform [J]. International tax and public finance, 2018, 25.

[189] Crawford I, Keen M, Smith S. Value added tax and excises [J]. Dimensions of Tax Design: the Mirrlees Review, 2010, 1.

[190] DeCicca P, Kenkel D, Liu F. Who pays cigarette taxes? The impact of consumer price search [J]. Review of Economics and Statistics, 2013, 95 (2).

[191] Delipalla S, Keen M. The comparison between ad valorem and specific taxation under imperfect competition [J]. Journal of Public Economics, 1992, 49 (3).

[192] Denis D J, Sibilkov V. Financial constraints, investment, and the value of cash holdings [J]. The Review of Financial Studies, 2010, 23 (1).

[193] De Paula A, Scheinkman J A. Value-added taxes, chain effects, and informality [J]. American Economic Journal: Macroeconomics, 2010, 2 (4).

[194] Dittmar A, Mahrt – Smith J. Corporate governance and the value of cash holdings [J]. Journal of Financial Economics, 2007, 83 (3).

[195] Duchin R. Cash holdings and corporate diversification [J]. The Journal of Finance, 2010, 65 (3).

[196] Ebrill L, Keen M, Bodin J P, et al. The allure of the value-added tax [J]. Finance & Development, 2002, 39 (2).

[197] Edwards A, Todtenhaupt M. Capital gains taxation and funding for start-ups [J]. Journal of Financial Economics, 2020, 138 (2).

［198］Faccio M，Xu J. Taxes and capital structure［J］. Journal of Financial and Quantitative Analysis，2015，50（3）.

［199］Feldstein M S，Krugman P R. International trade effects of value-added taxation［M］//Taxation in the global economy. University of Chicago Press，1990.

［200］Fossen F M，Simmler M. Personal taxation of capital income and the financial leverage of firms［J］. International Tax and Public Finance，2016，23.

［201］Gale W G，Gelfond H，Krupkin A. Entrepreneurship and Small Business Under a Value-Added Tax［J］. Brookings Institution，Washington，DC，2016（3）.

［202］Gentry W M，Ladd H F. State tax structure and multiple policy objectives［J］. National Tax Journal，1994，47（4）.

［203］Givoly D，Hayn C，Ofer A R，et al. Taxes and capital structure：Evidence from firms' response to the Tax Reform Act of 1986［J］. The Review of Financial Studies，1992，5（2）.

［204］Grigore M Z，Gurău M. Impact of VAT on the profitability and the cash flow of Romanian small and medium enterprises［J］. Global Economic Observer，2013，2（1）.

［205］Gruber J，Poterba J. Tax incentives and the decision to purchase health insurance：Evidence from the self-employed［J］. The Quarterly Journal of Economics，1994，109（3）.

［206］Guo Y M，Li X. The impact of greater VAT tax neutrality on total factor productivity：Evidence from China's VAT credit refund reform in 2018［J］. Economic Analysis and Policy，2023，78.

［207］Heckman J J，Ichimura H，Todd P E. Matching as an econometric evaluation estimator：Evidence from evaluating a job training programme［J］. The review of economic studies，1997，64（4）.

［208］Hodzic S, Celebi H. Value-added tax and its efficiency: EU – 28 and Turkey ［J］. UTMS Journal of Economics, 2017, 8 (2).

［209］James K. The rise of the value-added tax ［M］. Cambridge University Press, 2015.

［210］Jensen M C. Agency costs of free cash flow, corporate finance, and takeovers ［J］. The American Economic Review, 1986, 76 (2).

［211］Jensen T C, Wanhill S. Tourism's taxing times: value added tax in Europe and Denmark ［J］. Tourism Management, 2002, 23 (1).

［212］Keen M, Lockwood B. The value added tax: Its causes and consequences ［J］. Journal of Development Economics, 2010, 92 (2).

［213］Keen M, Mintz J. The optimal threshold for a value-added tax ［J］. Journal of Public Economics, 2004, 88 (3 – 4).

［214］Keen M, Smith S. The future of value added tax in the European Union ［J］. Economic Policy, 1996, 11 (23).

［215］Kenkel D S. Are alcohol tax hikes fully passed through to prices? Evidence from Alaska ［J］. American Economic Review, 2005, 95 (2).

［216］Kini O, Shenoy J, Subramaniam V. Impact of financial leverage on the incidence and severity of product failures: Evidence from product recalls ［J］. The Review of Financial Studies, 2017, 30 (5).

［217］Kosonen T. More and cheaper haircuts after VAT cut? On the efficiency and incidence of service sector consumption taxes ［J］. Journal of Public Economics, 2015, 131.

［218］Lindholm R W. The value added tax: A short review of the literature ［J］. Journal of Economic Literature, 1970, 8 (4).

［219］Liu Q, Lu Y. Firm investment and exporting: Evidence from China's value-added tax reform ［J］. Journal of International Economics, 2015, 97 (2).

［220］Liu X, Fang H. Value-added tax and corporate tax burden: Evidence from China's value-added tax rate reform ［J］. The Singapore Economic Review, 2022.

［221］Metcalf G E. Value-added taxation: A tax whose time has come? ［J］. Journal of Economic Perspectives, 1995, 9 (1).

［222］Mgammal M H. Does a value-added tax rate increase influence company profitability? An empirical study in the Saudi stock market ［J］. Journal of the Australasian Tax Teachers Association, 2021, 16 (1).

［223］Moll B. Productivity losses from financial frictions: Can self-financing undo capital misallocation? ［J］. American Economic Review, 2014, 104 (10).

［224］Murphy J A D. The impact of a value-added tax on the cash flow of corporations ［M］. Florida Atlantic University, 1991.

［225］Myers S C, Majluf N S. Corporate financing and investment decisions when firms have information that investors do not have ［J］. Journal of Financial Economics, 1984, 13 (2).

［226］Nucci F, Pozzolo A, Schivardi F. Is firm's productivity related to its financial structure? Evidence from microeconomic data ［J］. Rivista di Politica Economica, 2005, 95 (1).

［227］Olatunji O C. A review of value added tax (VAT) administration in Nigeria ［J］. International Business Management, 2009, 3 (4).

［228］Petia Topalova. Factor Immobility and Regional Impacts of Trade Liberalization: Evidence on Poverty from India ［J］. American Economic Journal: Applied Economics, 2010, 2 (4).

［229］Phillips G, Sertsios G. How do firm financial conditions affect product quality and pricing? ［J］. Management Science, 2013, 59 (8).

［230］Pinkowitz L, Stulz R, Williamson R. Does the contribution of corporate cash holdings and dividends to firm value depend on governance?

A cross-country analysis [J]. The Journal of Finance, 2006, 61 (6).

[231] Poddar S, English M. Taxation of financial services under a value-added tax: Applying the cash-flow approach [J]. National Tax Journal, 1997, 50 (1).

[232] Politi R B, Mattos E. Ad-valorem tax incidence and after-tax price adjustments: evidence from Brazilian basic basket food [J]. Canadian Journal of Economics/Revue Canadienne D'économique, 2011, 44 (4).

[233] Pomeranz D. No taxation without information: Deterrence and self-enforcement in the value added tax [J]. American Economic Review, 2015, 105 (8).

[234] Poterba J M. Retail price reactions to changes in state and local sales taxes [J]. National Tax Journal, 1996, 49 (2).

[235] Rego S O, Wilson R. Equity risk incentives and corporate tax aggressiveness [J]. Journal of Accounting Research, 2012, 50 (3).

[236] Rosenbaum P R, Rubin D B. The central role of the propensity score in observational studies for causal effects [J]. Biometrika, 1983, 70 (1).

[237] Sackey J A. Inflation and government tax revenue: The case of Trinidad and Tobago with comparative reference to Barbados and Jamaica [J]. Social and Economic Studies, 1981.

[238] Schelling T C. An essay on bargaining [J]. The American Economic Review, 1956, 46 (3).

[239] Schenk A, Thuronyi V, Cui W. Value added tax [M]. Cambridge University Press, 2015.

[240] Scholes M S, Wilson G P, Wolfson M A. Tax planning, regulatory capital planning, and financial reporting strategy for commercial banks [J]. The Review of Financial Studies, 1990, 3 (4).

[241] Schularick M, Taylor A M. Credit booms gone bust: monetary

policy, leverage cycles, and financial crises, 1870 – 2008 [J]. American Economic Review, 2012, 102 (2).

[242] Setyowati M S, Utami N D, Saragih A H, et al. Blockchain technology application for value-added tax systems [J]. Journal of Open Innovation: Technology, Market, and Complexity, 2020, 6 (4).

[243] Shoup C. The value added tax and developing countries [J]. The World Bank Research Observer, 1988, 3 (2).

[244] Simmons R S. Does recent empirical evidence support the existence of international corporate tax competition? [J]. Journal of International Accounting, Auditing and Taxation, 2006, 15 (1).

[245] Soenen L. Cash Holdings: A Mixed Blessing? [J]. AFP exchange, 2003, 23 (5).

[246] Strauss R P, Wittenberg U. Price and Quantity Effects of Tax Reform: An Application to West Virginia [J]. National Tax Journal, 1987, 40 (1).

[247] Topalova P. Factor immobility and regional impacts of trade liberalization: Evidence on poverty from India [J]. American Economic Journal: Applied Economics, 2010, 2 (4).

[248] Veld V. Supply – Side Management in the Reagan Administration [J]. Public Administration, Review, 2014, 9.

[249] Vélez – Pareja I. Do Personal Taxes Destroy Tax Shields? A Critique to Miller's (1977) Proposal [J]. Emerging Markets Finance and Trade, 2017, 53 (10).

[250] Wang J. The economic impact of special economic zones: Evidence from Chinese municipalities [J]. Journal of development economics, 2013, 101.

[251] Wu L, Yue H. Corporate tax, capital structure, and the accessibility of bank loans: Evidence from China [J]. Journal of Banking &

Finance, 2009, 33（1）.

［252］Zee H H. A New Approach to Taxing Financial Intermediation Services Under a Value – Added Tax ［J］. National Tax Journal, 2005, 58（1）.

［253］Zhang, L., Chen, Y. & He, Z. The effect of investment tax incentives: evidence from China's value-added tax reform ［J］. International Tax and Public Finance, 2018, 25（4）.

［254］Zou J, Shen G, Gong Y. The effect of value-added tax on leverage: Evidence from China's value-added tax reform ［J］. China Economic Review, 2019, 54.